Predique por un año
#8

104 BOSQUEJOS DE SERMONES

Dos bosquejos completos para cada domingo del año

ROGER CAMPBELL

I0809583

EDITORIAL PORTAVOZ

La misión de *Editorial Portavoz* consiste en proporcionar productos de calidad —con integridad y excelencia—, desde una perspectiva bíblica y confiable, que animen a las personas a conocer y servir a Jesucristo.

Título del original: *Preach for a Year #8*, © 2014 por Kregel Publications, una división de Kregel Inc., 2450 Oak Industrial Dr. NE, Grand Rapids, MI 49505. Traducido con permiso.

Traducción: José Luis Martínez

EDITORIAL PORTAVOZ
2450 Oak Industrial Drive NE
Grand Rapids, Michigan 49505 USA
Visítenos en: www.portavoz.com

ISBN 978-0-8254-5786-9 (rústica)
ISBN 978-0-8254-6702-8 (Kindle)
ISBN 978-0-8254-7520-7 (epub)

2 3 4 5 edición / año 27 26

Impreso en los Estados Unidos de América
Printed in the United States of America

Dedicado a la memoria del
doctor Leon J. Wood.

CONTENIDO

PREFACIO

Mientras escribo este octavo y último volumen de la serie *Predique por un año*, estoy procurando encontrar las palabras apropiadas para expresar mi agradecimiento a los muchos pastores que han tomado mis sencillos bosquejos de sermones y los han hecho suyos. Sus llamadas, cartas y correos electrónicos de aliento me han ayudado mucho más de lo que yo esperaba. ¡Gracias!

Me enfrento ahora a la responsabilidad de hacer que *Predique por un año #8* sea a la vez oportuno y eficaz. Para lograrlo, algunos de estos bosquejos serán un clamor a que retornemos a aquellos días y prácticas probadas que han traído constantes conversiones y crecimiento. Otros llamarán a avanzar en la fe, esperando que el futuro sea aún mejor que el pasado, a pesar de que los nuevos métodos pueden requerir ajustes amorosos por parte de pastores y personas. Algunas cosas acerca de la predicación eficaz son inmutables; son las constantes del ministerio cristiano. Es el evangelio el que salva a los pecadores, y esa debe ser nuestra meta principal. Un sermón sin evangelio no es un sermón en absoluto.

Amamos de verdad a aquellos a quienes predicamos. De lo contrario, según Pablo, no estamos predicando, sino solo haciendo ruido (1 Co. 13). Debemos vivir lo que predicamos, porque ya sea que estemos haciendo una exposición bíblica desde el púlpito, caminando por el pasillo de un hospital, hablando de nuestra fe en un ascensor, o ministrando a las personas heridas mientras esperamos en la fila de la oficina de correos, siempre estamos predicando.

INTRODUCCIÓN

León J. Wood fue el pastor de mi juventud cuya predicación fiel me llevó a la fe en Cristo. Mirando en retrospectiva a los primeros años de su ministerio y de mi vida, lo que más me impresionó fue su habilidad para establecer el escenario de un texto bíblico con el fin de hacerlo comprensible. No es de sorprender, entonces, que las palabras "escena y escenario" aparezcan escritas a mano en los márgenes de cientos de mis bosquejos de sermones a través de los años, y todavía estoy esforzándome por mantener mi predicación tan relevante para mis oyentes como el suyo lo fue para mí.

El pastor Wood estaba destinado a ejercer sus dones en la preparación de ministros para que predicaran, así que pronto dejó a nuestra congregación rural para enseñar en un seminario donde los estudiantes afortunados pudieran aprender la importancia de instruir sin autodestruirse, una técnica que necesita ser desarrollada por todos los que puedan ser tentados a impresionar en lugar de simplemente expresar la verdad bíblica con humildad y amor por los oyentes que sufren.

Predique por un año # 8 no contiene ningún bosquejo de sermón tan profundo que, en su predicación, los ministros lleguen a ser aclamados como oradores elocuentes que mantienen a su público encantado. Más bien, al compartir estos sencillos bosquejos con los pastores, deseo proporcionarles herramientas de enseñanza estructurada para declarar el evangelio inmutable con palabras que todos sus oyentes puedan entender.

Estoy convencido que el secreto de la gran predicación no está en ser lo suficientemente pulido como para impresionar, sino en ser lo suficientemente humilde para que Dios lo bendiga.

Este es el último volumen de la serie *Predique por un año*. La serie completa proporciona, a los pastores ocupados, 832 de mis bosquejos, los cuales ellos pueden mejorar y enriquecer con su propia reflexión bajo la dirección del Espíritu, y predicar haciéndolos suyos.

Roger Campbell

DESARROLLEMOS HÁBITOS SANTOS PARA EL AÑO NUEVO

Filipenses 4:6-8

I. Introducción

A. Somos criaturas de hábito (usted ya ha oído eso antes y es verdad: "Los hábitos que usted desarrolla, le desarrollan a usted").

B. Hábitos santos que cambiarán su vida:

1. Hábitos que le permitirán comenzar bien cada día.
2. Hábitos que le permitirán dejar de preocuparse.
3. Hábitos que le ayudarán a dejar de criticar.
4. Hábitos que le harán ser una bendición para los demás.

II. Cuerpo

A. Primero, lea la Biblia (Fil. 4:6).

1. "Por nada estéis afanosos".
   a. La fe y el temor son opuestos.
   b. Desarrolle hábitos que edifican la fe y combaten el miedo.
2. La Biblia es la fuente de la fe (Ro. 10:17).
   a. La fe crece a través de la exposición a las Escrituras.
   b. Una mente saturada de las Escrituras desarrolla una fe fuerte.
3. Comience el día con la Biblia y tenga un mejor día.
   a. Lea la Biblia antes de comer.
   b. Lea la Biblia antes de leer o ver la televisión.
4. La lectura de la Biblia lleva nuestros pensamientos al evangelio.
   a. El evangelio es acerca de la muerte y resurrección de Cristo (1 Co. 15:3-4).
   b. Esta es la historia de amor más maravillosa jamás contada.
   c. Cuando leemos la Biblia, nos equipamos para hablar del evangelio.
   d. Conocer bien el evangelio nos hace a todos misioneros.

B. Empiece el día con acción de gracias (Fil. 4:6-7).

1. Deje de temblar y comience a confiar.
2. Espere que Dios se le manifieste.

3. Céntrese en las bendiciones de Dios y dé gracias.
   a. Dé gracias por cosas que ha estado dando por sentado.
   b. Dé gracias porque Dios le ama; porque Cristo murió por usted.

C. Dedique el día a enfocarse en las cosas positivas (Fil. 4:8).

1. Céntrese en lo que es verdadero, honesto y justo.
2. Céntrese en lo que es puro y amable.
3. Céntrese en todo aquello que es virtuoso y digno de alabanza.
4. Céntrese en las características positivas de otros y usted se convertirá en una persona positiva.

III. Conclusión

A. Invierta su día en ministrar a otros.

B. Dé prioridad a ganar almas y cosechar bendiciones.

EL PODER DE UNA IGLESIA QUE AMA

1 Corintios 13

I. **Introducción**
   A. *Lo que es el amor según la Biblia.*
      1. La descripción magistral que Pablo hace del amor y su importancia.
      2. Él explica lo que es el amor y lo que hace.
   B. *La predicación sin amor es solo ruido.*
      1. La elocuencia sin amor está vacía.
      2. La educación sin amor es ineficaz.
   C. *El sacrificio sin amor es solo espectáculo.*
      1. Dar sin amor es una pobre inversión.
      2. El sacrificio sin amor es una pérdida de tiempo y dinero.

II. **Cuerpo**
   A. *El amor capacita a los pastores para amar a su pueblo.*
      1. No todos los cristianos son agradables.
         a. No hay nadie perfecto en las iglesias.
         b. Algunos cristianos son difíciles de amar.
      2. El pastor debe elevarse por encima de sus sentimientos y amar a su congregación.
      3. Por el amor de Cristo, Pablo actuó y reaccionó en amor (2 Co. 5:14-21).
      4. Cada pastor está equipado para seguir el ejemplo de Pablo.
      5. Dios capacita a sus siervos para amar a los desagradables.
   B. *El amor permite a los cristianos amarse unos a otros.*
      1. Los cristianos amorosos dejan a un lado todas sus diferencias.
         a. Podemos perdonar las diferencias en la iglesia (Fil. 1:9).
         b. Podemos superar las diferencias en nuestros hogares (Ef. 5:25-33).
      2. Hay muchas razones para los enfrentamientos entre cristianos.
      3. Es más fácil ser parte de una facción que entrar en acción, pero el amor produce unidad.
      4. Una iglesia que ama hace un impacto poderoso en la comunidad (Hch. 2:1-5).

a. Piense en las muchas razones para los conflictos congregacionales en la primitiva iglesia.
b. No obstante, ellos dejaron a un lado sus diferencias e iniciaron un avivamiento en Jerusalén.

C. *El amor inspira y capacita a los cristianos para convertirse en ganadores de almas.*
1. El evangelismo es el ingrediente que falta en muchas iglesias hoy.
   a. ¿Cuánto mide nuestra iglesia en esta área tan importante?
   b. ¿Qué estamos haciendo para llevar a cabo la Gran Comisión (Mt. 28:18-20)?
2. Compare nuestra pasión por las almas con la de Cristo en la cruz.
   a. Su amor por el malhechor moribundo llevó a ese pecador al cielo (Lc. 23:39-43).
   b. El llamado de Pablo al evangelismo es un llamado de amor a todos nosotros (2 Ti. 4:5).

III. Conclusión

A. *¿Cuál es la temperatura del amor en nuestra iglesia?*
B. *Descubramos el poder de una iglesia que ama.*
C. *Demostremos lo que el amor puede hacer.*
D. *Permitamos que el amor empiece con usted y conmigo.*

EL MILAGRO DEL MATRIMONIO

Génesis 1; 2:21-25

I. Introducción

A. *La creación: un manual de milagros (Gn. 1:1-3).*
   1. Todo era oscuridad hasta que Dios comenzó su obra creativa.
   2. Entonces apareció la luz: "Sea la luz; y fue la luz".

B. *La progresión de milagros que llevaron a la vida.*
   1. La formación del firmamento y la separación de las aguas (vv. 7-10).
   2. La tierra comenzó a ser productiva (vv. 11-13).
   3. La luz alumbra la creación (vv. 14-19).
   4. La creación de los peces, las aves y los animales terrestres (vv. 20-26).

C. *El escenario está ahora preparado para el más grande de los milagros.*

II. Cuerpo

A. *Adán y Eva son creados a la imagen de Dios (v. 27).*
   1. Detalles de la creación de Eva.
      a. Dios hizo caer a Adán en un sueño profundo.
      b. Se lleva a cabo la primera cirugía (Gn. 2:21).
      c. Eva fue creada de una costilla de Adán (v. 22).
   2. La presentación de Adán a su novia.
      a. Probablemente la mujer más hermosa de la tierra.
      b. Nada más verla, Adán se enamoró de ella.
   3. Adán describió el matrimonio como la más íntima relación de la vida.
      a. "Esto es ahora hueso de mis huesos y carne de mi carne" (v. 23).
      b. Queda proclamado el milagro del matrimonio (v. 23).

B. *El matrimonio se produce al dejar a los padres y unirse al cónyuge.*
   1. El matrimonio involucra a una mujer y un hombre.
   2. El matrimonio proporciona la más íntima relación humana posible.

3. Matthew Henry dijo sobre el milagro del matrimonio: "Observe que la mujer fue creada de una costilla tomada del costado de Adán; no hecha de la cabeza para gobernar sobre él, no de sus pies para que él la pisara, sino de su costado para que fuera igual que él, bajo su brazo para ser protegida, y cerca de su corazón para ser amada".

C. *El milagro del matrimonio convierte a dos personas en una.*

1. "Y serán una sola carne" (v. 2:24).
    a. Aquí tenemos el arreglo perfecto para la vida familiar.
    b. El matrimonio aporta una dinámica divina para una familia amorosa.
2. Pablo llama a que el matrimonio represente a Cristo y su Iglesia.
    a. Que las esposas se sometan a sus maridos (Ef. 5:22).
    b. Los maridos amen a sus esposas como Cristo amó a la Iglesia (Ef. 5:25).

III. Conclusión

A. *El propósito del matrimonio es proveer de un fundamento sólido para las familias.*

B. *Las familias cariñosas son una demostración del cielo en sus vidas.*

C. *Haga que su matrimonio sea un milagro a partir de hoy.*

PAZ PERFECTA

Isaías 26:3

I. Introducción

A. La paz es el anhelo de cada corazón.

B. Las tres dimensiones bíblicas de la paz.

1. Paz con Dios (Ro. 5:1).
   a. Esta viene inmediatamente después de la salvación.
   b. "Paz con Dios" era el título del primer libro de Billy Graham.
2. La paz de Dios (Fil. 4:6-8).
   a. La paz de Dios viene mediante nuestra entrega total a Él.
   b. Él entonces se convierte en Señor de esa vida entregada a su voluntad.
3. La paz mundial (Is. 9:6-7).
   a. Esta se demorará hasta el regreso de Cristo para establecer su reino.
   b. El mundo al fin conocerá la verdadera paz (Ap. 19-20).

II. Cuerpo

A. La fuente perfecta de la paz.

1. Isaías dijo que Dios es la fuente de paz.
   a. Profetizó que el Rey nacido de una virgen traería la paz (Is. 7:14).
   b. Isaías describe a Cristo con cualidades maravillosas (Is. 9:6-7).
2. El salmista está de acuerdo (Sal. 29:11).
3. Pablo también está de acuerdo (Ro. 15:33).
4. La paz perfecta en nuestras vidas es una imagen de lo que está por venir.

B. La solución perfecta para la paz.

1. "Cuyo pensamiento en ti persevera" (centrarse en el Señor).
   a. Muchas cosas en este mundo turbulento nos roban la paz.
   b. Fijar nuestros ojos en Jesús nos provee de paz en las tormentas de la vida.
2. "Porque en ti ha confiado".

      a. La fe en Cristo nos capacita para vencer el estrés de la vida.
      b. La fe gana y el temor pierde porque la fe aleja las nubes.

   C. *El cántico perfecto para los pacíficos: "Tenemos… salvación" (Is. 26:1).*
      1. Isaías miró al futuro, a un tiempo mejor.
         a. Centró su mente en las bendiciones futuras más que en las pruebas del presente.
         b. Tuvo la visión de su pueblo cantando sobre la salvación en vez de sobre sus penas.
      2. Este profeta poderoso anticipó un gran avivamiento y tuvo la visión de cantar sobre él.
         a. Él se negó a quedar superado por los problemas de su tiempo.
         b. El tema de su profecía aquí es que lo mejor está aún por venir.

III. Conclusión

   A. *Las preguntas de C. H. Spurgeon:*
      1. "¿Por qué somos débiles cuando el poder divino está a nuestra disposición?".
      2. "¿Por qué nos turbamos cuando la paz del Señor es nuestra?".
   B. *La pregunta de Ezequiel: "¿Cómo, pues, viviremos?" (Ez. 33:10).*
   C. *¿Cómo, pues, responderemos a esas preguntas?*

LA IGLESIA: ESTABAN TODOS UNÁNIMES JUNTOS

Hechos 2:1

I. Introducción

A. *Una iglesia unida es poderosa.*
   1. Considere el impacto de la unión de la iglesia primitiva.
   2. Tres mil convertidos (Hch. 2:41).
   3. Cinco mil convertidos (v. 4:4).

B. *¿Por qué se desarrolla la disensión en las iglesias?*
   1. Es más fácil ser parte de una facción que participar en la acción.
   2. La falta de amor trae división y distracción.

C. *Los requisitos para lograr la unidad y el poder.*

II. Cuerpo

A. *La unidad de la iglesia requiere el perdón.*
   1. Considere las razones de ese tiempo para divisiones entre los discípulos.
      a. Pedro negó a Jesús tres veces antes de la cruz (Lc. 22:54-62).
      b. Jesús fue abandonado por todos los discípulos (Mr. 14:50).
      c. Las dudas de Tomás (Jn. 20:25).
   2. ¿Cómo pudo este grupo dividido de personas trabajar juntas?
      a. Estuvieron dispuestos a perdonarse unos a otros.
      b. Jesús había incluso perdonado a aquellos que le crucificaron.
   3. Una iglesia que perdona aparta todas las diferencias para servir a su Señor.

B. *La unidad de la iglesia requiere comunión.*
   1. Considere la comunión de Pentecostés.
      a. Los discípulos estaban presentes.
      b. Reconocieron el valor de estar todos juntos.
   2. Los que estaban reunidos tenían un propósito y prioridad en sus mentes.
      a. Sus calendarios los tenían marcados y los relojes con la hora puesta.
      b. Ninguna excusa los privó de estar juntos.
   3. Los cristianos siempre se han necesitado unos a otros.

a. Nos necesitamos unos a otros para lograr el crecimiento cristiano.
b. Nos necesitamos unos a otros para llevar a cabo la misión de la iglesia.

C. La unidad de la iglesia requiere estar bien enfocados.

1. Estos cristianos había oído a Jesús darles la Gran Comisión (Mt. 28:18-20).
   a. Aceptaron la responsabilidad de llevar a cabo el mandato de Cristo.
   b. Vieron que la evangelización del mundo comenzaba en su propia ciudad.
2. Nosotros tenemos la misma responsabilidad.
   a. ¿Cómo responderemos a este gran reto?
   b. ¿Estamos dispuestos a centrarnos en el llamado de Dios para ir a todo el mundo?

III. Conclusión

A. Una iglesia unida requiere algunos sacrificios.
B. ¿Estamos nosotros dispuestos a pagar el precio?

LAS INVITACIONES PÚBLICAS HOY

Apocalipsis 22:17

I. Introducción

A. Las invitaciones públicas se han vuelto inusuales.

1. Muchas iglesias las han abandonado por completo.
2. ¿Cuáles son los resultados de haber descontinuado esta práctica antes aceptada?

B. La más grande invitación de la Biblia.

1. Vea la ubicación de la invitación final de Dios (v. 17).
2. Note su urgencia: "Y el Espíritu y la Esposa dicen: Ven. Y el que oye, diga: Ven. Y el que tiene sed, venga; y el que quiera, tome del agua de la vida gratuitamente".

C. Considere el contenido de estos llamados al compromiso.

II. Cuerpo

A. "Tal como soy".

1. Este es, sin duda, el himno de invitación más utilizado.
2. Se ha dicho que este himno es la marcha de boda cristiana porque tantos han caminado por el pasillo para encontrarse con su Amado en el altar.
3. Note su llamamiento sencillo y bíblico: "Tal como soy, de pecador, sin más confianza que tu amor".
4. Este es el ensayo de una clara invitación del Salvador para que los pecadores respondan a su llamado, y millones lo han hecho.

B. "Confiando solo en Él".

1. ¿Qué mejor llamamiento que este, que todos los que están oprimidos por el pecado y necesitan descanso puedan encontrarlo en Aquel que extiende su misericordia a todos los que confían en Él?
2. ¿Hay alguna razón para abandonar estas cuatro palabras que expresan el evangelio?
   a. ¿Vamos a cambiarlas por un llamamiento más elaborado?
   b. ¿Qué palabras explicarían mejor la urgencia de tomar una decisión?
   c. ¿Ha llegado la hora de revertir una tendencia musical y restaurar la sencillez de la salvación?

C. "Todo a Cristo yo me rindo".

1. ¿Quién podría mejorar este llamamiento a un compromiso total con Cristo?
2. Aquí tenemos unas pocas palabras transformadoras de la vida que lo dicen todo.
3. ¿Hay alguna buena razón para dejar de usar este cántico de entrega total?
   a. ¿Qué expresión podría comunicar mejor el llamado de Cristo a seguirle?
   b. ¿No merece el Salvador lo mejor de nosotros?
   c. Considere el impacto de una entrega total de la gente en el mundo.
4. ¿Qué vamos a lograr al ignorar este importante mensaje?
5. ¿Estamos dispuestos a entregarle al Salvador todo lo que somos y todo lo que tenemos?

III. Conclusión

A. ¿Deberíamos pensar en volver a lo que fue probado y es verdadero?

B. ¿Podría resultar un avivamiento por la decisión de llevarlo a cabo?

C. ¡El valor para el cambio y la renovación podría depender de usted y de mí!

LA EMOCIONANTE RESPUESTA DE DIOS AL MANSO MOISÉS

Éxodo 3:1-12

I. Introducción

A. *El llamamiento de Moisés.*

1. Aquel que había sido un personaje clave en Egipto estaba ahora cuidando ovejas.
2. Una voz que salía de una zarza que ardía cambió su vida.

B. *Dios está a punto de liberar a su pueblo de la esclavitud.*

1. Moisés se entera de que él va a ser el libertador.
2. Se queda sorprendido por el reto y pregunta: "¿Quién soy yo?".

II. Cuerpo

A. *Esa es una pregunta muy común.*

1. Todos los que han recibido una gran responsabilidad entienden la pregunta.
   a. Su pastor la entiende.
   b. Josué más tarde se sintió como Moisés.
   c. Pablo la entendió (2 Co. 2:16).
2. Muchos líderes y maestros en las iglesias lo saben bien.
   a. Es el reto del liderazgo en cualquier iglesia.
   b. ¿Cómo podemos estar a la altura de las tareas encomendadas?

B. *Moisés tenía razones especiales para hacer esa pregunta.*

1. Había sido muy conocido en Egipto y ahora era un hombre buscado.
2. No se sentía capacitado porque le faltaba elocuencia (Éx. 4:10-12).
3. Años antes había perdido su dominio propio al tratar de ayudar a su pueblo.
4. ¿Cómo podía esperar tener éxito esta vez?

C. *Esta pregunta recibió una gran respuesta.*

1. Dios ya había anticipado la reticencia de Moisés.
   a. Él ya sabía acerca de esas excusas.
   b. Los temores de Moisés no fueron una sorpresa para Dios.
2. La respuesta de Dios a Moisés reemplazaría sus temores con fe.

3. La respuesta de Dios: "Ve, porque yo estaré contigo" (Éx. 3:12).
    a. Ahora todo era diferente.
    b. Moisés no tendría que llevar a cabo esta misión él solo.
    c. Dios estaría con él en cada etapa del camino, y Moisés tendría éxito.

D. La respuesta de Dios a Moisés se aplica a todos aquellos que Él ha llamado.

1. Todos debemos dejar a un lado nuestros temores para servir a Dios.
    a. Hay obstáculos en todo servicio cristiano.
    b. Dios es más grande que nuestros miedos y mucho mejor que nuestra fe.
2. Independientemente de la prueba o de la tarea, podemos esperar el éxito.

III. Conclusión

A. Cooperemos para que todos los obstáculos sean superados.

B. Las palabras de Dios a Moisés tienen aplicación para usted y para mí.

C. Escúchelas otra vez: "Ve, porque yo estaré contigo".

AVÍVANOS DE NUEVO

Salmos 85:6

I. Introducción

A. Vamos a recordar una palabra casi olvidada: avivamiento.

1. Recordemos los grandes avivamientos del pasado.
2. Nombres que traen avivamientos a la mente.
   a. El Gran Despertar bajo Jonathan Edwards.
   b. El avivamiento bajo los Wesley que cambió Inglaterra.
   c. Los avivamientos bajo George Whitfield en Inglaterra y América.

B. Esfuerzos de iglesias locales que encendieron las llamas del avivamiento.

1. Los días de evangelistas itinerantes que cambiaron comunidades.
2. Amplias reuniones de oración deseando el avivamiento.
   a. D. L. Moody: "Toda gran obra de Dios tiene su origen en un creyentes que ora".
   b. ¿Es necesario volver a esos esfuerzos de cambio en la comunidad?

II. Cuerpo

A. La súplica del salmista por el avivamiento.

1. "¿No volverás a darnos vida?".
2. Esta es una petición que se remonta a días mejores.
   a. Lo que el salmista tiene en mente es un avivamiento del pasado.
   b. Anhela que se repitan las bendiciones que él recuerda.
3. Este creyente suplicante está cansado de la lamentable condición presente.
4. Él clama a Dios para volver a experimentar el avivamiento.
5. ¿Participamos de su pasión por un despertar de la vida espiritual?

B. El salmista ve a Dios como la fuente del avivamiento.

1. Rechaza todo pensamiento de lograr por nosotros ese despertar necesario.
2. No conoce ninguna fórmula probada que promueva la piedad pública.
   a. Él clama a Dios a favor de su nación.
   b. C. H. Spurgeon: este salmo es "la oración de un patriota por su país afligido".

3. ¿Recordamos un tiempo mejor para nuestra nación?
4. ¿Nos atrevemos a creer que Dios es capaz de bendecirnos de nuevo?

C. *Más allá del remordimiento, el salmista mira a la alegría.*
1. "¿No volverás a darnos vida, para que tu pueblo se regocije en ti?".
   a. La meta de esta oración es el regocijo del pueblo.
   b. Este patriota que ora cree que lo mejor está aún por venir.
2. ¿Podemos identificarnos con su fe optimista?
3. ¿Creemos que Dios puede bendecirnos avivándonos de nuevo?

III. Conclusión

A. *C. H. Spurgeon sobre los resultados del avivamiento: "Un avivamiento verdadero sin el gozo del Señor es tan imposible como una primavera sin flores, o un amanecer sin luz".*

B. *Vamos a atrevernos a orar por avivamiento y esperemos con fe que suceda.*

EL TURNO DE NOCHE

Juan 3:1-15

I. Introducción

A. La urgente necesidad de un hombre religioso (vv. 1-2).

1. Nicodemo, un líder de los judíos, vino a Jesús de noche.
2. Aquí tenemos a un hombre religioso que está perdido.
    a. Tiene miedo de la opinión pública por lo que se acerca al Salvador de noche.
    b. Los milagros del Maestro habían llamado su atención.

B. Un buscador que aprende que la religión no salva.

1. Las lecciones que Nicodemo aprendió esa noche.
    a. Hay solo un camino de salvación.
    b. La vida eterna viene por medio de un nuevo nacimiento.
2. Nicodemo tenía que cambiar su opinión sobre cómo ser salvo.

II. Cuerpo

A. No podemos heredar la salvación (vv. 3-4).

1. Nicodemo lidia con la idea del nuevo nacimiento.
    a. "¿Cómo puede un hombre nacer siendo viejo?".
    b. ¿Puede acaso entrar en el vientre de su madre y nacer?
2. Muchos piensan que la vida eterna viene por medio de lazos familiares.
    a. Han nacido en familias respetables.
    b. Les han enseñado lo básico de la Biblia.
3. Jesús comienza a desentrañar el misterio.
    a. "Lo que es nacido de la carne, carne es".
    b. "Lo que es nacido del Espíritu, espíritu es".

B. La salvación viene por medio del nuevo nacimiento (vv. 5-15).

1. Este nuevo nacimiento transciende las opiniones religiosas.
    a. Esto no debería sorprendernos.
    b. Jesús le dijo a Nicodemo que no debería maravillarse.
2. Los antecedentes religiosos no tienen nada que ver con la salvación.
    a. Nicodemo era un hombre religioso pero estaba perdido.
    b. Él tenía que pasar su confianza de las obras a la gracia.

C. La salvación tiene sus raíces en el plan eterno de Dios.

1. La vida eterna ha sido el plan de Dios desde el principio.
   a. El Salvador cumple las profecías del Antiguo Testamento.
   b. El Nuevo Testamento está oculto en el Antiguo.
   c. El Antiguo Testamento queda revelado en el Nuevo.
2. Moisés y la serpiente levantada en el desierto representaron a Jesús en la cruz.
3. La muerte y la resurrección de Cristo representan la salvación.

III. Conclusión

A. Nicodemo tenía que ser salvo solo por la fe.

B. Una vida religiosa no puede realizar la expiación.

C. Confíe en Cristo hoy; confiésele como su Señor y Salvador.

LA SIMPLICIDAD DE LA SALVACIÓN

Juan 3:16

I. Introducción

A. Este es el versículo de la Biblia más conocido sobre la salvación.

1. Son palabras dichas por Jesús a un confundido hombre religioso.
2. Nicodemo, un líder de los judíos, había llegado buscando salvación.
   a. Jesús le dijo que debía nacer de nuevo y él no lo entendió.
   b. Jesús le explicó el nuevo nacimiento con su promesa de vida eterna.

B. Necesitamos seguir el ejemplo de Cristo.

1. Nuestra tarea no es hacer que lo simple resulte complicado.
2. Nosotros estamos para que la verdad profunda sea comprensible.

C. Jesús ayuda a un hombre confundido a entender.

II. Cuerpo

A. La salvación empieza con el amor de Dios.

1. "Porque de tal manera amó Dios al mundo".
   a. ¡Mira cuán grande es el amor de Dios!
   b. Comienza en la cruz y se extiende a todo el mundo.
2. El amor de Dios está disponible para todo pecador.
   a. Este amor nos llega a usted y a mí.
   b. ¿Cómo vamos a responder a semejante amor?
3. Este mensaje debe fluir desde nuestra iglesia a la comunidad.

B. La salvación se basa en el precio pagado por el Hijo de Dios.

1. "que ha dado a su Hijo unigénito".
   a. Esta es la prueba del amor de Dios.
   b. Aquí hay amor suficiente para salvar a los pecadores.
2. Imagine cómo esa gran noticia afectó a Nicodemo.
   a. Él era un hombre religioso pero su religión no podía salvarle.
   b. Ahora está escuchando la mejor noticia de toda su vida: Dios le ama.
   c. Lo que la ley no podía hacer, la gracia de Dios lo logró.
3. La cruz garantiza la salvación a todos los que responden al llamado de Dios.

C. La salvación solo se consigue mediante la fe.

1. Todos aquellos que creen en Él no se perderán.
2. Nicodemo no sabía nada de este tipo de seguridad.
    a. Era muy religioso, pero estaba perdido.
    b. Jesús le asegura que él puede ser salvo.
    c. Su salvación será solo por la fe en Cristo.
3. ¡Qué gran alivio debió haber traído esto a Nicodemo!
4. Esa misma salvación está hoy disponible para todo pecador.

III. Conclusión

A. Aquí está la esperanza para que cada pecador sea salvo.

B. Este es el mensaje de salvación que cada miembro de iglesia puede pasar a otros.

C. ¿Qué haremos con este mensaje del amor de Dios?

UNA GRAN DECLARACIÓN DE PROPÓSITO PARA LA VIDA

Juan 3:30

I. **Introducción**
   A. *El nacimiento y ministerio de Juan el Bautista (Lc. 1:5-25).*
      1. Zacarías y Elisabet no tenían hijos.
      2. La promesa del ángel Gabriel del nacimiento y misión de Juan.
   B. *La reacción a Jesús de los discípulos de Juan.*
      1. Sus celos por causa de que Cristo atraía más cantidad de gente.
      2. La declaración de propósito de Juan.
         a. "Es necesario que él crezca, pero que yo mengüe".
         b. Esa es una gran declaración de propósito para la vida en todos nosotros.

II. **Cuerpo**
   A. *Una declaración de adoración.*
      1. "Es necesario que él crezca".
         a. Cinco palabras que nos llaman a una entrega total.
         b. Cinco palabras que declaran quién merece el primer lugar.
      2. Cinco palabras que revelan el curso común de la vida.
         a. La vida nos exige tomar decisiones cada día.
         b. Esta es una declaración que afirma que Cristo merece nuestra adoración.
      3. Juan declara que su propósito en la vida es exaltar a Cristo.
      4. ¿Qué lugar ocupa la adoración de Cristo Jesús en su vida?
   B. *Una declaración de humildad.*
      1. "Pero que yo mengüe".
         a. Juan no tenía deseos de exaltarse a sí mismo.
         b. No vive pendiente de los elogios de otros.
      2. Juan tenía cualidades para la popularidad y la alabanza.
         a. Venía de una familia de fe y fidelidad.
         b. Su nacimiento fue producto de un milagro.
         c. Mucha gente viajaba largas distancias para oírle.
      3. Juan tenía su propia posición en perspectiva: él estaba para honrar a Jesús.

C. Una declaración que nos reta a todos nosotros.

1. ¿Cómo es su meta en la vida en comparación con la de Juan?
   a. ¿Ocupa Cristo el primer lugar en su vida?
   b. ¿Aumenta cada día su dedicación a Jesucristo?
2. ¿Qué lugar ocupa la humildad en su propósito para vivir?
   a. ¿Cuán importantes son los elogios de los demás para usted?
   b. ¿Se esfuerza continuamente por ser reconocido como persona exitosa?
3. ¿Cuál cree usted que es el mayor reto en su vida?
4. ¿Qué recompensas celestiales le serán dadas por su propósito en la vida?

III. Conclusión

A. El compromiso total de Juan con Cristo le costó la vida.

B. ¿Honra a Jesucristo su propósito para vivir?

LECCIONES DE JOB QUE CAMBIAN LA VIDA

Job 42:1-2

I. Introducción

A. *Este es el hombre que viene a la mente cuando llegan las dificultades.*
   1. Un hombre de fe que perdió su familia, su fortuna y su salud.
   2. ¿Por qué podemos identificarnos con Job?
      a. Todos nos enfrentamos a pruebas y tribulaciones (Jn. 16:33).
      b. Dios es más grande que nuestros temores y mejor que nuestra fe.

B. *Considere las enormes pruebas de Job.*
   1. Perdió su familia y su fortuna.
   2. Su esposa se puso en su contra, y le sugirió: "Maldice a Dios, y muérete".
   3. Perdió su salud (quedó cubierto de llagas).
   4. Los amigos acudieron a visitarle y le criticaron sin piedad.

C. *Job al final aprendió que a Dios nada le pilla por sorpresa.*
   1. "Yo conozco que todo lo puedes".
   2. "Y que no hay pensamiento que se esconda de ti".

II. Cuerpo

A. *Las lecciones de Job tienen aplicación para nuestras familias.*
   1. Imagine la tristeza de Job cuando todos sus hijos murieron.
      a. Sus siete hijos y tres hijas perdieron la vida.
      b. Una tormenta destruyó el edificio donde disfrutaban de una fiesta.
   2. Veamos la asombrosa reacción de Job ante esta tragedia: "Jehová dio, y Jehová quitó; sea el nombre de Jehová bendito".
   3. "En todo esto no pecó Job, ni atribuyó a Dios despropósito alguno" (Job 1:21-22).
   4. Años más tarde, él todavía está seguro de que esto no le pilló a Dios por sorpresa, y fue recompensado con otros siete hijos y tres hijas hermosas.

B. *Las lecciones de Job tienen aplicación para nuestras finanzas.*
   1. Job había sido un hombre muy rico (Job 1:1-3).

a. De repente él perdió toda su riqueza.
b. No obstante, él permaneció fiel.
2. Más tarde, él se dio cuenta de que nada le pilla a Dios por sorpresa.
3. A este tipo de reacción a los problemas se le llama "fe" y es recompensada.
4. Al final, Job recibiría el doble de lo que había perdido.

C. *Las lecciones de Job tienen aplicación para nuestro futuro.*
1. El futuro de Job fue mucho mejor que su pasado (Job 42:10-17).
2. El Señor le bendijo más allá de toda imaginación.

III. Conclusión

A. *Dios lo sabe todo acerca del mañana.*
B. *Podemos descansar en su amor.*

LOS PACIFICADORES

Mateo 5:9

I. Introducción

A. *Jesús dijo: "Bienaventurados los pacificadores".*

B. *¿Quiénes son estos bienaventurados?*

1. Son personas que crean condiciones de paz en las familias.
2. Son personas que cultivan la paz en la iglesia.
3. Son personas que hacen la paz en la comunidad.

C. *¿Qué tipo de personas son estos pacificadores?*

1. Son personas siempre dispuestas a perdonar.
2. Son personas que demuestran el amor de Dios.
3. Son personas que edifican en vez de destruir.

D. *¿Dónde están estas personas tan valiosas?*

E. *Vamos a encontrarlas y seamos bendecidos.*

II. Cuerpo

A. *Los pacificadores siempre están dispuestos a perdonar.*

1. ¿Dónde podemos encontrar a estos que son rápidos en perdonar?
   a. Busque personas que van a cara descubierta.
   b. Busque personas de corazón tierno.
   c. Busque personas que ven lo mejor en otros.
2. Jesús siempre estaba dispuesto a perdonar.
   a. Recuerde su perdón a la mujer junto al pozo (Jn. 4).
   b. Recuerde su perdón a los que le crucificaron (Lc. 23:34).
   c. Recuerde su perdón al malhechor en la cruz (Lc. 23:40-43).
3. Los que se regocijan en el perdón serán pacificadores.

B. *Los pacificadores demuestran el amor de Dios.*

1. Estas personas valiosas se asemejan a su Padre celestial.
   a. Se sacrifican por el beneficio de otros.
   b. Están dispuestas a reconciliarse con aquellos que les han hecho daño.
   c. Examinan de forma amorosa las situaciones que dividen a las personas.
2. Los pacificadores se enfocan más en la redención que en la ira.
   a. Se niegan a hacer una montaña de un grano de arena.

b. Se centran en la reconciliación más bien que en crear barreras.
c. Su meta es unir a las personas, no separarlas.

C. Los pacificadores se dedican a edificar en la iglesia.

1. Crean una atmósfera de expectación más que de desesperación.
2. En sus iglesias existe una armonía feliz en vez de divisiones destructivas.
3. Su presencia ayuda a formar un compañerismo de amor.

III. Conclusión

A. Los pacificadores viven como Jesús.

B. No es de extrañar que sean llamados "hijos de Dios".

LAS PRIORIDADES DEL PRESENTE

Proverbios 27:1

I. Introducción

A. Todos enfrentamos cada día la cuestión de la prioridad.

1. ¿Cuál es la decisión más importante que debe tomar hoy?
2. ¿Tendrán las decisiones de hoy resultados eternos?

B. El peligro de demorar las decisiones importantes.

1. La duración de la vida es incierta, a veces requiere acción inmediata.
2. ¿Qué prioridades demandan su atención antes de que acabe el día?

II. Cuerpo

A. La prioridad de la salvación (2 Co. 6:2).

1. Respuestas para los que planean dejar la salvación para otro día.
    a. "He aquí el tiempo aceptable".
    b. "He aquí el día de salvación".
2. La salvación debe tener prioridad sobre el éxito.
    a. El éxito en la vida puede ser fugaz y engañoso.
    b. Toda ganancia terrenal es temporal.
3. El exitoso Saulo de Tarso aprendió esta lección.
4. Los sabios siguen su ejemplo y se aseguran de la salvación.
    a. ¿Tiene usted ya resuelto este asunto tan importante?
    b. ¿Cuánto tiempo piensa esperar para hacerlo?

B. La prioridad de buscar y ganar almas.

1. Jesús andaba constantemente buscando a los perdidos.
    a. La mujer junto al pozo (Jn. 4).
    b. Zaqueo subido al árbol (Lc. 19:1-10).
2. Los discípulos fueron llamados a ser pescadores de hombres (Mt. 4:19).
    a. Su prioridad en la vida era alcanzar a la gente con el evangelio.
    b. Nosotros debemos imitar a estos hombres amorosos.
3. Pablo estaba siempre atento a toda oportunidad de evangelismo.
    a. La conversión de Lidia en la reunión de oración junto al río (Hch. 16:14-15).
    b. La salvación del carcelero de Filipos (Hch. 16:25-34).

c. Él tuvo que comparecer antes reyes y buscó su salvación.

4. ¿Cuán importante es buscar almas para cada uno de nosotros?

C. La prioridad de enviar ganadores de almas.

1. Aquí tenemos la prioridad de tener una parte en la Gran Comisión (Mt. 28:18-20).
2. Las iglesias fieles no solo proclaman el evangelio sino que también envían misioneros.
3. Ofrendar y enviar misioneros es vital para una iglesia sana y fuerte.

III. Conclusión

A. ¿Cuán preciadas son estas prioridades en nuestra congregación?

B. Recuperemos estas áreas importantes para la gloria de Dios.

RECURSOS PARA TIEMPOS DIFÍCILES

Isaías 41:10-13

I. Introducción

A. El miedo es un monstruo que nos acecha a todos.

1. Este enemigo apareció inmediatamente después de la caída.
2. El temor nos priva de la aventura y del éxito, haciéndonos cobardes a todos nosotros.

B. Cuando la fe gana, el temor pierde.

1. Dios dio grandes promesas a Isaías para vencer el miedo.
2. Estos recursos para tiempos difíciles están disponibles para usted y para mí.

II. Cuerpo

A. El recurso de la presencia de Dios.

1. "No temas, porque yo estoy contigo".
   a. Un cristiano nunca está solo.
   b. Podemos descansar en esta promesa durante los tiempos difíciles.
2. "No desmayes, porque yo soy tu Dios".
   a. Las tormentas pueden amenazarnos, pero Dios tiene el control.
   b. Sus recursos son más grandes que nuestros problemas.
3. Al actuar basados en estas promesas alejamos los problemas.
4. Cuando la fe gana, los temores pierden.

B. El recurso de la fortaleza de Dios (v. 10).

1. "Que te esfuerzo".
2. El Señor nos invita a intercambiar nuestra debilidad por su fortaleza.
   a. Este intercambio nos fortalece para toda crisis.
   b. Ningún problema es demasiado grande para que nuestro Señor lo venza.
3. Escuche las promesas de Dios para sus momentos de debilidad.
   a. "Siempre te ayudaré".
   b. "Siempre te sustentaré con la diestra de mi justicia".
4. Lo mejor es confiar siempre en Dios sin importar las circunstancias.
5. En los días más oscuros, Dios nos abre un camino.

C. El recurso de las promesas de Dios (v. 13).

1. "Soy tu Dios, quien te sostiene de tu mano derecha".
2. "No temas, yo te ayudo".
3. Dios siempre cumple sus promesas.
    a. Considere su promesa de enviar un Salvador (Lc. 1:26-37).
    b. Considere la promesa de Jesús de preparar lugar para los suyos (Jn. 14:1-2).
    c. Considere las promesas de la resurrección de Cristo y su regreso (Jn. 14:3-6).

III. Conclusión

A. ¿Está usted pasando por un tiempo difícil?

B. Descanse en las promesas de Dios y supere la tormenta.

C. Para aquellos que confían en el Salvador, lo mejor está aún por venir.

EVITEMOS LA CONTAMINACIÓN

Comienza la serie sobre Daniel *Daniel 1:8*

I. **Introducción**

A. La historia de un prisionero en Irak (Dn. 1:1-8).

1. Daniel y sus amigos eran prisioneros de Nabucodonosor.
2. Un tiempo de prueba para la fe de estos hombres jóvenes.
3. Todos nos enfrentamos a tiempos de prueba en la vida.

B. Dónde trazar la línea.

1. Daniel decidió ser fiel.
2. Eligió la pureza en la vida en vez de las componendas.
3. Agradar a Dios se convirtió en el propósito de su vida.

II. **Cuerpo**

A. La decisión de Daniel exigía tener valor.

1. Nabucodonosor tenía poder sobre la vida o muerte de Daniel.
    a. El plan de comidas que el rey diseñó, Daniel lo llamó contaminación.
    b. El rey planeaba controlar cada detalle de la vida de Daniel.
    c. Negarse a cumplir con ese plan podía llevarle a la muerte.
2. La devoción de Daniel estaban dedicada a un Rey más alto.
    a. Tomó una decisión que transformó su vida.
    b. Su decisión involucraba la entrega completa a su Señor.
3. ¿Quién es el Señor de su vida?

B. La decisión de Daniel exigía un compromiso total.

1. Esa decisión determinó su destino.
    a. Él sería conocido como un hombre con un propósito.
    b. Su propósito sería servir al Señor antes que al rey.
2. En la mente de Daniel, eso significaba negarse a contaminarse.
    a. Él había determinado lo que la contaminación significaba para él.
    b. Contaminación para Daniel significaba participar de la comida y vino del rey.
3. Este joven prisionero había decidido evitar la contaminación.

C. *¿A qué se enfrenta usted hoy que podría contaminarle?*
   1. ¿Es algo que podría contaminar su mente?
   2. ¿Es algo que podría identificarle a usted con gente malvada?
   3. ¿Es algo que podría destruir su testimonio por Cristo?
   4. ¿Qué pasos dará usted para evitar la contaminación?
      a. ¿Va a aumentar el tiempo que dedica a leer la Biblia?
      b. ¿Está dispuesto a renovar su compromiso a vivir de manera santa?
      c. ¿Orará con mayor dedicación y fe?

III. Conclusión

A. *¿Cómo se verá afectada nuestra iglesia por su decisión de fe?*
B. *Otros están observando para ver el resultado de este asunto.*
C. *Evite la contaminación para estar hoy más cerca de Cristo.*

Marzo

LA DIETA DIVINA DE DANIEL

Serie sobre Daniel *Daniel 1:8-21*

I. Introducción

A. Cuatro prisioneros de un rey controlador.

1. Nabucodonosor tenía planes para estos cuatro hombres jóvenes.
2. Los quería preparar para que formaran el equipo ideal del rey.
3. Este rey dictó las reglas que ellos debían cumplir.

B. Daniel se negó a seguir la dieta del rey.

1. Él vio que seguir esa dieta era como contaminarse.
2. La decisión de Daniel les puso a él y a sus amigos en peligro.
3. Esto llevó a una prueba para ver qué dieta era la mejor.

II. Cuerpo

A. Los personajes que afectaron el compromiso de Daniel (vv. 6-10).

1. El jefe de los siervos del rey.
    a. Él era el director de la dieta.
    b. Tenía órdenes de parte del rey.
    c. Arriesgó su vida al permitir que los prisioneros actuaran conforme a su conciencia.
2. Nabucodonosor y su dieta preferida.
    a. El rey tenía unas metas en mente en relación con Daniel y sus amigos.
    b. Los quería gordos y florecientes.
3. Los amigos de Daniel se le unieron en su compromiso con la pureza.

B. El compromiso que requería una prueba.

1. La fe de Daniel le permitió proponer un reto.
    a. Estaba seguro en que Dios haría su parte.
    b. Él y sus amigos solo tenían que ser genuinos.
2. Siempre hay muchos desafíos para el pueblo de Dios.
    a. Debemos creer que Dios estará a la altura de la situación.
    b. Estos tres hombres jóvenes arriesgaron su vida.
3. Más allá del reto, debemos aprender a mirar a la victoria.

4. ¿Cuál es el reto más grande que está usted enfrentando hoy?

C. *El compromiso con Dios es como una calle de dos direcciones.*
   1. Daniel estaba comprometido con Dios y Dios lo estaba con Daniel.
   2. El rechazo de la dieta del rey que los contaminaba era la prueba de la bendición.
      a. Diez días más tarde, a los no contaminados se les veía sanos y bendecidos.
      b. Incluso el rey y sus consejeros quedaron impresionados.
   3. Estos cuatro llegaron a ser muy importantes para el rey.
      a. Se convirtieron en sus consejeros de confianza.
      b. Servir a Dios nos hace ser una bendición para otros.

III. Conclusión

A. *Dios debe tener siempre el primer lugar en nuestra vida.*
B. *¿Estamos hoy plenamente comprometidos con Él?*
C. *Entréguese a Él sin demora.*

DANIEL Y EL SOÑADOR PELIGROSO

Serie sobre Daniel *Daniel 2:1-23*

I. Introducción

A. Daniel pasó de una crisis a otra.

1. A veces nuestras vidas también parecen seguir ese patrón.
2. ¿A qué crisis se enfrenta usted hoy?

B. El ascenso de Daniel le pone ahora en un peligro.

1. Había sido bendecido por mantenerse firme en sus convicciones.
2. Esto le había favorecido con el rey y este le había ascendido.
3. Ahora su ascenso le había metido en una situación de vida o muerte.

C. Claves para la confianza en una crisis.

1. Nada le toma por sorpresa a Dios.
2. Ningún problema es demasiado difícil para que Dios lo resuelva.

II. Cuerpo

A. El sueño que el rey olvidó (2:1-13).

1. La pesadilla que tuvo Nabucodonosor le despertó durante la noche.
   a. Quedó preocupado por ese sueño, pero no sabía por qué.
   b. Llamó a sus consejeros para preguntarles sobre los detalles de su sueño.
2. Los consejeros del rey no pudieron satisfacerle.
   a. Ellos se quejaron de que ningún rey hacía tales demandas (vv. 10-11).
   b. El rey enojado mandó ejecutarlos.
   c. Daniel ahora se enfrentaba a la muerte.

B. La respuesta de Daniel a la crisis (vv. 16-18).

1. Él declaró que Dios proveería lo que el rey quería.
2. Luego convocó una reunión de oración con sus tres amigos.
   a. ¿Cómo responderíamos nosotros a una situación de vida o muerte?
   b. ¿Nos llenaríamos de pánico o nos uniríamos a otros en oración?

3. Daniel y sus amigos clamaron por sabiduría en esta crisis.
   a. Nosotros también podemos clamar a Dios por sabiduría y poder.
   b. Los problemas personales y de iglesia pueden resolverse mediante la oración (Jn. 16:24).

C. *En el día más oscuro, Dios prepara un camino (vv. 19-23).*
1. Dios respondió a las oraciones de Daniel y sus amigos.
   a. La respuesta llegó esa misma noche.
   b. Dios reveló el contenido del sueño del rey.
2. Varias vidas se libraron de la muerte porque Dios respondió a la oración.
   a. Daniel se alegró y dio a conocer las buenas noticias.
   b. Él y sus amigos vivirían y compartirían su testimonio.
   c. Incluso los otros consejeros no creyentes fueron librados.
3. La reunión de oración de Daniel se convirtió en alabanza a Dios (vv. 20-23).

III. Conclusión

A. *Aquellos que confían en Dios encuentran que Él es suficiente.*

B. *Oremos con fe y esperemos la respuesta de Dios.*

EL DIOS QUE REVELA LO SECRETO

Serie sobre Daniel *Daniel 2:19-49*

I. Introducción

A. Nabucodonosor: el rey confundido.

1. Su sueño olvidado lo tenía frustrado hasta el punto de querer matar.
2. La vida de sus consejeros estaba en peligro.
3. Dios le reveló a Daniel el sueño y su significado.

B. Daniel comunicó al rey la buena noticia.

1. "Hay un Dios en los cielos, el cual revela los misterios".
2. Debemos aprovechar las oportunidades para hablarles a otros acerca de nuestro Señor.
    a. El poder y la posición no deberían hacernos callar.
    b. Nuestro mandato es dar a conocer continuamente las buenas noticias de Dios.

II. Cuerpo

A. La profecía proporciona una oportunidad para el testimonio (vv. 28-29).

1. El rey quería saber acerca del futuro.
    a. Muchos sienten esa misma curiosidad sobre lo que está por venir.
    b. Daniel tenía la atención del rey y le llevó a pensar en Dios.
2. Los ojos de Nabucodonosor fueron abiertos al plan profético de Dios.
    a. Daniel estaba cumpliendo con su responsabilidad para con Dios y el rey.
    b. ¿Cuánto tiempo ha pasado desde que se atrevió a ser como Daniel?
3. Grandes recompensas esperan a los que se preocupan lo suficiente para dar a conocer esta buena noticia.

B. La humildad hace más eficaz nuestro testimonio (v. 30).

1. Daniel dio toda la gloria a Dios por su sabiduría.
    a. Él no pretendió una inteligencia especial por sí mismo.
    b. Él señaló que esta interpretación era para el beneficio de otros.
2. El sabio Daniel incluso explicó esto con el fin de ayudar al rey a entender.

        a. Dios estaban obrando mediante este sueño y su interpretación.
        b. El mundo entero quedaría cambiado al entenderlo.
    3. Los futuros estudiantes de profecía quedarían asombrados por su precisión.

C. *El testimonio valiente trae recompensas (vv. 31-49).*
    1. Imagínese el valor de Daniel al relatar el sueño del rey.
        a. ¿Creería el rey que Daniel sabía de qué estaba hablando?
        b. ¿Podría sentir el rey que Daniel estaba fingiendo para salvar su vida?
    2. Daniel se atrevió a imaginar e interpretar el significado de aquella gran imagen.
        a. Él vio esto como una profecía que involucraba a naciones a través de la historia.
        b. El rey creyó a Daniel y le dio grandes recompensas.
    3. Daniel demostró que vale la pena confiar en Dios y servirle.

III. Conclusión

A. *Nuestro testimonio fiel por Dios obra maravillas.*

B. *Daniel y sus amigos ejercieron altas posiciones en Babilonia.*
    1. Las recompensas esperan a todos los siervos fieles de Dios.
    2. Aprovechemos con diligencia toda oportunidad para servirle.

EL CUARTO HOMBRE EN EL HORNO DE FUEGO

Serie sobre Daniel *Daniel 3*

I. Introducción

A. El deseo de Nabucodonosor de ser adorado.

1. El orgullo le puso al rey en una situación peligrosa.
2. La advertencia de Salomón sobre el orgullo (Pr. 16:18).
   a. El orgullo precede a la caída.
   b. El rey tuvo una caída en su futuro.

B. La gran imagen dorada de Nabucodonosor.

1. Exigió que todos se postraran y la adoraran.
2. Negarse significaba ser echado en un horno de fuego.

II. Cuerpo

A. Tres hombres que se negaron a obedecer al rey.

1. El mandato del rey era claro.
   a. Los que se negaran a doblar su rodilla ante la imagen morirían.
   b. Permanecer en pie por sus convicciones equivalía al suicidio.
2. Sadrac, Mesac y Abed-nego permanecieron firmes en sus convicciones.
   a. Ellos vieron que doblegarse en sus convicciones era ofender a Dios.
   b. Pablo más tarde nos advertiría acerca de esto (Ef. 4:30).
3. Muchos creen que Daniel estaba ausente en alguna misión especial.
4. ¿Cómo habríamos nosotros reaccionado ante una decisión tan peligrosa?

B. Tres hombres que no se inclinarían ante la imagen (vv. 8-18).

1. Los enemigos de estos hombres fieles se lo dijeron al rey.
   a. Estos caldeos habían sido antes consejeros del rey.
   b. Los degradados vieron ahora una oportunidad para vengarse.
2. Los que permanecen firmes pueden ser odiados por todos.
3. Inclinarse ante la imagen habría significado traicionar al Señor.
   a. Estos tres leales estuvieron dispuestos a arriesgarlo todo.
   b. Estaban listos para servir al rey, pero no a adorarle.

C. Tres hombres que no pudieron ser quemados (vv. 19-30).
1. Nabucodonosor se dio cuenta de que había otro hombre en el fuego.
   a. "¿No echaron a tres varones atados dentro del fuego?".
   b. El fuego solo quemó las cuerdas que los sujetaban.
2. Estos tres hombres de fe no estaban solos en el horno de fuego.
   a. El rey concluyó que el cuarto hombre que estaba también en el fuego "es semejante a hijo de los dioses".
   b. Los que caminan con Dios nunca están solos (Mt. 28:18-20).
   c. Están siempre acompañados por el Cuarto Hombre en el fuego.

III. Conclusión

A. Dios recompensa a los que le son fieles.
B. ¿Se está enfrentando hoy a una gran prueba de fuego?
C. Nuestro Señor siempre será fiel.
D. Confíe en que Él hará lo necesario.

SE BUSCA: HOMBRES APASIONADOS

Serie sobre Daniel *Daniel 3:12-27*

I. Introducción

A. Daniel: un libro de profecía y de gente poderosa.

1. Un esquema de las edades.
   a. Visiones de los últimos tiempos.
   b. La cruz y la destrucción de Jerusalén.
   c. El anticristo, la tribulación y los gobernantes de los últimos tiempos.
2. También es un libro sobre la gente.
   a. Sadrac, Mesac y Abed-nego.
   b. Las pruebas, el sufrimiento y el triunfo de estos hombres de fe.

B. Tres hombres que fueron probados por el fuego.

1. El mandato de inclinarse ante la imagen de Nabucodonosor o ser quemados.
2. Ellos se negaron a inclinarse pero no murieron en el fuego.

II. Cuerpo

A. Estos hombres eran diferentes (v. 12).

1. No le tenían miedo al rey ni a su imagen dorada.
2. Jesucristo también fue diferente.
   a. Él era justo en un mundo de pecado.
   b. Él era la luz en un mundo de oscuridad.
   c. Él exigió a sus seguidores una vida diferente.
3. Nosotros debemos ser diferentes por causa de lo que Jesús hizo y dijo.

B. Estos hombres eran atrevidos (v. 16).

1. No le tenían miedo al rey.
2. "No es necesario que te respondamos sobre este asunto".
3. La emoción de ser cristiano: una vida nueva.
   a. Aceptar riesgos por causa de Cristo.
   b. Atreverse a vivir de manera diferente por amor del Señor.
   c. Aceptar los retos de vivir para Cristo.
4. ¿Hemos perdido el espíritu de aventura de la salvación?
5. ¿Carecemos del fuego de una fe renovada?

C. Estos hombres estaban de verdad dedicados (vv. 17-18).
1. Declararon con confianza que Dios podía librarlos del horno de fuego.
2. Respaldaron su fe con un compromiso verdadero.
3. Fueron como Job: "He aquí, aunque él me matare, en él esperaré" (Job 13:15).
4. Fueron como Jesús en Getsemaní.

III. Conclusión

A. Estos hombres fieles fueron librados.
1. Jesús caminó con ellos en medio del fuego.
2. Solo sus cuerdas fueron quemadas, quedando ellos libres.
3. Quedaron incluso limpios del olor a fuego.

B. Dios está buscando creyentes apasionados por Él.

C. ¿Seremos nosotros tan fieles y dedicados como estos tres?

PESADO Y HALLADO FALTO

Serie sobre Daniel *Daniel 5*

I. Introducción

A. *Este era un texto favorito de D. L. Moody.*
   1. Moody escribió un libro titulado *Pesado y hallado falto.*
   2. Su meta era mostrar hasta qué punto Belsasar se había quedado corto en las normas de Dios.

B. *El escenario y la escena.*
   1. Israel vivía en cautiverio en Babilonia.
   2. Belsasar, el rey de Babilonia, estaba celebrando sus victorias.
   3. La poderosa Babilonia estaba a punto de ser juzgada.

II. Cuerpo

A. *La noche del triunfo se convirtió en una noche de terror (vv. 1-6).*
   1. Belsasar y sus amigos estaban teniendo una fiesta con mucha bebida.
      a. Ellos no sabían que la poderosa Babilonia caería esa misma noche.
      b. Muy pronto su sentencia quedaría escrita sobre la pared.
   2. Sin ningún respeto hicieron que el sacrilegio fuera parte de esa fiesta de maldad.
      a. El alcohol a menudo contribuye a la caída de personas y naciones.
      b. Esa noche se atrevieron a beber en los vasos sagrados dedicados a Dios.
   3. ¿Quién habría imaginado que el juicio estaba cerca de estos príncipes en fiesta?
      a. Ellos se sentían seguros, pero nunca estamos seguros en el pecado.
      b. "La paga del pecado es muerte" (Ro. 6:23).
      c. La fiesta se había acabado... el juicio venía en camino.

B. *La extraña escritura sobre la pared (vv. 5-9).*
   1. La fiesta cesó: los dedos de la mano de un hombre escribían sobre la pared.
   2. El rey estaba tan asustado que sus rodillas temblaban y no podían sostenerle.
      a. Su mente estaba llena de miedo y ansiedad.

   b. Sus consejeros no tenían respuesta para este extraño suceso.
3. Los sabios del reino no sabían qué decirle al rey.
   a. Finalmente, la reina ofreció una solución.
   b. Ella aconsejó al rey que llamara a Daniel, quien resolvería sus dudas.
4. Este hombre de Dios daría buen consejo a este rey tan turbado.

C. *Palabras sabias para un rey preocupado y descarriado (vv. 25-30).*
1. Le dijeron que había sido pesado por Dios y había sido hallado falto.
2. La escritura sobre la pared lo dijo todo.
   a. Los pecados del rey lo habían encontrado.
   b. Su reino caería y su vida terminaría.
3. Una lección para todos nosotros: no podemos pecar y ganar.

III. Conclusión

A. *Daniel fue promovido por causa de su sabio consejo.*
1. El sabio profeta fue nombrado tercer gobernante en el reino.
2. La riqueza y el poder le fueron dados al portavoz de Dios en esa hora.

B. *El pecado había vuelto a poner la escritura de Dios sobre la pared.*

C. *¿Cómo vamos nosotros a reaccionar al llamado de Dios al arrepentimiento y la fe?*

LA FE DE DANIEL FUE PUESTA A PRUEBA

Series sobre Daniel *Daniel 6*

I. Introducción

A. Daniel ascendió de ser un prisionero a presidente.

1. Daniel y sus amigos vivían como cautivos en Babilonia.
   a. Habían rechazado la comida y el vino del rey (Dn. 1:8).
   b. Daniel había interpretado los sueños de Nabucodonosor (Dn. 2, 4).
2. Daniel había predicho correctamente la muerte de Belsasar (Dn. 5).
3. Darío, el Medo, nombró a Daniel jefe de los gobernadores (Dn. 6).
4. Los reyes y los reinos caen, pero los siervos de Dios continúan.

B. Darío vio que Daniel era diferente (Dn. 6:3).

1. El rey se dio cuenta de las cualidades excelentes de Daniel.
2. Como resultado, fue elevado a la posición superior en el reino.

C. ¿Qué podemos nosotros aprender de la vida de Daniel?

II. Cuerpo

A. Las personas de fe pueden ser perseguidas (v. 4).

1. Daniel fue despreciado por otros de su tiempo.
2. Servir a Dios siempre ha sido costoso.
   a. Los profetas fueron a menudo encarcelados o apedreados.
   b. Juan el Bautista fue encarcelado y decapitado.
   c. Todos los apóstoles, excepto Juan, fueron martirizados.
3. Jesús advirtió a sus discípulos que serían rechazados por el mundo.

B. Aquellos que viven para Dios deben esperar problemas.

1. Los enemigos de Daniel buscaron sus defectos y fallos.
   a. No pudieron encontrar nada para poder acusarle.
   b. ¡Qué honroso fue eso para este hombre fiel!
   c. Pilato más tarde dijo acerca de Jesús: "Ningún delito hallo en él".
2. El decreto que envió a Daniel al foso de los leones.

a. Durante treinta días nadie podía pedir nada a ningún dios excepto al rey.
b. Daniel continuó orando, pidiendo a Dios por sus necesidades.
c. La dedicación de Daniel le envío al foso de los leones.
3. Mientras otros estaban tramando, Daniel siguió orando.

C. *La fe encuentra en la oración toda la ayuda que necesita.*
1. La vida de oración de Daniel no cambió a pesar de su arriesgada situación.
2. Incluso el rey tenía confianza en las oraciones de Daniel.
3. Él creía que Dios podía librar a Daniel.
4. Dios protegió a Daniel de aquellos leones hambrientos.
a. Dios "cerró la boca de los leones" durante aquella noche.
b. El rey pasó la noche ayunando, al igual que los leones.

III. Conclusión

A. *Dios protege a los suyos de la destrucción.*
B. *Cuando se demuestra que la fe es verdadera, otros son llevados a Dios.*
C. *¿Seguiremos nosotros el ejemplo de Daniel cuando estemos bajo presión?*

DANIEL LO VIO TODO

Serie sobre Daniel *Daniel 9:1-19*

I. Introducción

A. Daniel profundiza ahora más que nunca (vv. 1-2).
1. Se entrega a la oración y la profecía.
2. Los libros y el estudio se convierten en sus amigos.

B. Dios va a rebelar muchos secretos a Daniel.
1. Aprende la importancia de la confesión del pecado.
2. Descubrir la voluntad y el plan de Dios son ahora su pasión.

C. Daniel declara su nuevo propósito en la vida (vv. 3-4a): "Y volví mi rostro a Dios el Señor, buscándole en oración y ruego, en ayuno, cilicio y ceniza. Y oré a Jehová mi Dios e hice confesión".

II. Cuerpo

A. Daniel toma el pecado con mucha seriedad (vv. 7-16).
1. Él ve cómo el pecado ha traído confusión a su pueblo.
2. Confiesa sus pecados y los pecados de su pueblo.
3. Declara el costo del pecado para Israel.
   a. Daniel ve la dispersión de su pueblo como un resultado de sus pecados.
   b. Incluso los reyes y príncipes han cosechado las consecuencias de su pecaminosidad.
   c. Él clama a Dios rogando por su perdón y bendición.

B. Daniel ora pidiendo que vuelvan las bendiciones de Dios (vv. 17-19).
1. Ora pidiendo que cese la ira de Dios.
2. Anhela que Dios oiga las oraciones de su pueblo.
3. Ora pidiendo respuesta para la oración y para que la luz reemplace a la oscuridad.
   a. Pide a Dios que escuche las súplicas de su pueblo.
   b. Intercede pidiendo misericordia por Jerusalén y sus moradores.
4. Le recuerda a Dios que este pueblo y su ciudad le pertenecen.
   a. El corazón de Daniel queda conmovido por las necesidades de su pueblo.
   b. Anhela un avivamiento que cambie sus vidas.

C. *¿En qué nos puede ayudar a nosotros el ejemplo de Daniel?*
   1. ¿Nos hará más conscientes de nuestros pecados?
   2. ¿Se reavivará nuestra iglesia al enfrentarnos con nuestras deficiencias?
   3. ¿Habrá un despertamiento en nuestra comunidad al ver esta nueva dedicación entre nosotros?
      a. ¿Quién dará el primer paso hacia la renovación espiritual en nuestra iglesia?
      b. ¿Estamos nosotros tan preocupados por nuestra iglesia como lo estaba Daniel por su pueblo?

III. Conclusión

A. *Dios busca hombres y mujeres que se atrevan a ser como Daniel.*

B. *¿Quién entre nosotros responderá al llamamiento de Daniel?*

C. *¿Quién dejará de retenerse y se entregará por completo?*
   1. Permitamos que hoy sea el tiempo de un nuevo comienzo.
   2. ¿Por qué nos demoramos? ¡Es tiempo de responder al llamamiento de Dios!

Abril

LAS REVELACIONES DE UN ÁNGEL A DANIEL

Fin de la serie sobre Daniel *Daniel 9:20-27*

I. Introducción

A. La oración de Daniel por Jerusalén (vv. 16-18).

1. Este patriota se vuelve apasionado por la oración.
2. Él teme que la ira de Dios caiga sobre Jerusalén.

B. Daniel desea que las bendiciones de Dios lleguen a tiempo.

1. Ora pidiendo que el rostro de Dios brille en el santuario.
2. Suplica a Dios que considere su situación y los libere.

II. Cuerpo

A. Imagínese a Daniel suplicando y orando por liberación.

1. Anhela que Dios responda a sus oraciones.
2. La confesión del pecado trae perdón y bendiciones (v. 20).
   a. ¿Estamos nosotros tan conmovidos como Daniel orando por la intervención de Dios?
   b. ¿Qué espera a nuestra oración llena de fe para nuestra comunidad y nación?
3. La desesperación a menudo precede a la liberación.
   a. ¿Cuán desesperados estamos nosotros porque Dios libere a nuestra nación?
   b. El plan de Dios pronto quedará claro para nosotros.

B. Un ángel llega para revelar el plan de Dios (vv. 20-23).

1. Gabriel llegó justo a tiempo.
   a. Sus palabras debieron haber animado mucho a Daniel.
   b. La supervivencia del pueblo de Daniel era tan segura como las promesas de Dios.
2. Gabriel anuncia a Daniel el propósito de su venida.
   a. Él había llegado porque Daniel era muy amado por el Señor.
   b. Le entregó un mensaje acerca del futuro de Daniel.
   c. Daniel recibiría sabiduría y entendimiento.
3. En el día más oscuro, Dios abre un camino.

C. Gabriel le da a conocer el calendario y plan de Dios (vv. 24-27).

1. El misterio de las setenta semanas.
   a. Setenta semanas se refiere a setenta semanas de años.
   b. Eso entonces significa 490 años para introducir la era mesiánica.

2. Daniel recibió una visión anticipada del gran plan de redención de Dios.
   a. Habría en el futuro días difíciles, pero también los habría muy gloriosos.
   b. Cristo vendría y sería crucificado para pagar por nuestros pecados.
   c. Nuestro Señor haría la reconciliación por la iniquidad.
3. Los misterios sobre el futuro permanecen, pero un día lo veremos todo con claridad.

III. Conclusión

A. *Nosotros debemos aprovechar el tiempo para servir al Señor.*
   1. Cristo vendrá a resucitar a los cristianos que murieron.
   2. Todos los creyentes serán arrebatados durante el rapto para estar con Cristo.
   3. La vida del reino espera a los creyentes durante el milenio.

B. *El futuro de los cristianos es tan brillante como las promesas de Dios.*

SE NECESITA: UNA TREGUA EN LAS GUERRAS DE ADORACIÓN

Efesios 5:19-20

I. Introducción

A. *¿Cuál es la causa principal de disensión en las iglesias?*
1. Los cambios en los estilos de adoración nos han dividido.
2. Esto es especialmente cierto en cuanto a las opciones y el volumen de la música.

B. *Los patrones previos de adoración eran predecibles.*
1. Cantar himnos, leer la Biblia, oraciones por el pastor y la congregación.
2. La ofrenda, un sermón; y a menudo seguido de una invitación pública de recibir a Cristo como Señor y Salvador.
3. Entonces llegó la revolución del estilo de adoración, cambiando casi todo.
    a. Los grandes himnos de la fe comenzaron a ser dejados a un lado y favorecidos los coros de alabanza.
    b. Las divisiones surgieron según la edad, requiriendo servicios separados.
    c. Los jóvenes y los ancianos se olvidaron de lo mucho que se necesitan.

II. Cuerpo

A. *¿Han pasado antes las iglesias por cambios semejantes?*
1. Sí, y a menudo con enojo por cualquier tipo de cambio.
    a. Hubo un tiempo en el que las congregaciones adoraban cantando salmos.
    b. Los movimientos para cambiar este patrón encontraron fuerte oposición.
2. Cuando se introdujeron los cantos evangélicos, pensaron que eran superficiales.
    a. Las congregaciones consideraron que eran demasiado rápidos para la adoración.
    b. Ahora son recordados como la gran música cristiana del pasado.

B. El apóstol Pablo nos llama a usar la música en la iglesia (v. 19).

1. Él subrayó la necesidad de la variedad (salmos, himnos y cantos espirituales).
2. Pablo escribió que los cristianos deben hacer melodías en sus corazones para el Señor.
   a. ¿Es eso cierto en nuestra congregación?
   b. ¿Tenemos servicios combinados sin barreras de edad?
3. El amor abre la puerta para la verdadera adoración.
   a. El amor hace que sean aceptables la adoración y los estilos musicales.
   b. Los adoradores amorosos pueden disfrutar de una gama más amplia de letras, ritmos y estilos.
   c. El amor cristiano tiende puentes entre las opiniones personales.

C. Los creyentes avivados nos llaman a tener una tregua en las guerras de adoración.

1. La música recomendada en la Biblia nos llevará a cantar, unidos en el amor.
2. El consejo de John Wesley para cantar en el templo: "Canta con alegría y de todo corazón. Procura no cantar como si estuvieras medio muerto o medio dormido, sino que eleva tu voz con fuerza".
3. El ideal del canto congregacional de C. H. Spurgeon para cantar en su iglesia terminaría hoy con la mayoría de las guerras de adoración en las iglesias. Los parámetros de la música en su iglesia eran los siguientes: "Ningún coro es demasiado fuerte, ninguna orquesta demasiado grande, ningún salmo demasiado elevado para alabar al Señor de los ejércitos".

III. Conclusión

A. Necesitamos una tregua en las guerras de adoración que traiga paz.

B. La armonía en la adoración debe ser nuestra meta.

EL TERREMOTO DEL VIERNES SANTO

Mateo 27:27-54

I. Introducción

A. El doloroso camino de Cristo a la cruz.

1. Cristo ante un gobernador romano sin carácter.
   a. La esposa de Pilato le instó a que no tuviera nada que ver con Jesús.
   b. Poco dispuesto a hacer lo correcto, Pilato se hundió bajo presión.
2. Los soldados maltrataron a Jesús y pusieron en su cabeza una corona de espinas.
   a. Llevaron a Jesús afuera para ser crucificado.
   b. En la crucifixión se cumplió la profecía (Is. 53:5-6).

B. La oscuridad divina desciende sobre la tierra.

1. Las siete últimas palabras de Cristo en la cruz.
2. El Salvador abandonado paga el precio por nuestros pecados.
3. La naturaleza responde a esta hora de las edades.
   a. La oscuridad desciende sobre la tierra.
   b. El último clamor de Cristo desde la cruz.

II. Cuerpo

A. Cómo reaccionó la tierra a la muerte de Cristo (v. 51).

1. El velo del templo quedó rasgado en dos.
   a. El camino quedaba ahora abierto para que todos los pecadores fueran perdonados.
   b. Un temblor de tierra sacudió toda aquella zona.
   c. Las rocas se partieron ante la muerte de la Roca de la eternidad.
2. Los sepulcros se abrieron y muchos santos del Antiguo Testamento resucitaron.
3. Esta fue la hora de las edades profetizada siglos antes de que ocurriera.

B. ¿Cómo ha afectado a su vida la muerte de Cristo?

1. ¿Ha tocado su corazón este don del amor de Dios para que se entregue a Él?
2. ¿Le ha convencido de sus pecados el terremoto del Calvario?
3. ¿Está ahora dispuesto a entregar su vida a Aquel que murió por usted?
4. ¿Cómo responderá usted al gran don del amor de Dios?

C. Vea cómo respondieron a estos milagros los hombres encargados de la crucifixión (v. 54).

1. Quedaron conmovidos y convencidos por el terremoto.
2. El temblor de la tierra los atemorizó.
3. Sus palabras fueron: "Verdaderamente éste era Hijo de Dios".
4. ¿Está usted convencido de esta verdad inquebrantable?

III. Conclusión

A- Este es el momento de entregar su vida a Cristo.

1. No lo deje para otro día.
2. La paz espera a su acto de fe en el Salvador.

B. Responda a su amor y esté seguro de la salvación.

C. Quiera Dios que el terremoto del Viernes Santo traiga paz a su corazón.

UN TERREMOTO EN LA MAÑANA DE LA PASCUA

Mateo 28:1-10

I. Introducción

A. Las dos Marías van camino de la tumba (v. 1).

1. Dos mujeres afligidas deciden visitar el sepulcro.
2. Su fe era pequeña, pero les esperaba una gran sorpresa.

B. El terremoto del domingo de Resurrección lo cambió todo (v. 2).

1. El ángel del Señor descendió del cielo.
2. Había removido la piedra que cerraba el sepulcro.
3. La victoria sobre la muerte se hizo oficial.
4. Dios todavía mueve las piedras que son un reto para nuestra fe.

II. Cuerpo

A. La conquista del temor (vv. 3-6).

1. Los guardias de la tumba tuvieron miedo del ángel.
   a. Tenían buenas razones para sentir miedo.
   b. Ellos estaban en el lado equivocado del plan de Dios.
2. Las mujeres también tuvieron miedo temporalmente.
   a. El temor es normal bajo ciertas condiciones.
   b. La fe las llevó a superar sus temores.
3. La resurrección de Cristo hizo desaparecer sus temores.
   a. La fe y el miedo son opuestos.
   b. La fe aleja todos los miedos.

B. El encargo dado a los que creyeron (vv. 7-8).

1. "E id pronto y decid a sus discípulos que ha resucitado".
   a. Los discípulos necesitaban escuchar estas buenas noticias.
   b. La muerte había sido conquistada; ¡Cristo estaba vivo!
2. Las mujeres aceptaron el encargo y obedecieron.
   a. Había grandes cosas por delante y las buenas noticias había que comunicarlas.
   b. Estas mujeres fieles fueron mensajeros obedientes.
3. ¿Por qué alguien se iba a negar a entregar este mensaje?
   a. Todavía es necesario dar a conocer esta historia sagrada.
   b. Cristo ha resucitado y nosotros debemos declarar las buenas noticias.

C. Aquellos que obedecen se encuentran con Jesús en el camino (vv. 9-10).

1. Una vez que se pusieron en marcha, las mujeres se encontraron con el Maestro.
   a. Encontrarse con Jesús las llevó a adorarle.
   b. Oyeron su voz y cayeron a sus pies.
2. Debemos compartir con otros las palabras reconfortantes de Cristo.
3. Había grandes cosas por delante y todas eran parte de su plan.

III. Conclusión

A. Les daría a los discípulos la Gran Comisión (vv. 18-20).

1. Todo el poder en el cielo y en la tierra sería invertido en este plan.
2. Cristo pondría en sus manos una obra misionera de alcance mundial.

B. Esto traería el mayor "terremoto" conocido por el hombre.

¿QUÉ HORA ES?

Hechos 1:1-14

I. Introducción

A. La urgencia de esta hora.

1. El plan de Dios está siempre a tiempo.
2. El tiempo de Dios ha sido siempre correcto a través de las edades.

B. La pregunta que exigía una respuesta.

1. "Señor, ¿restaurarás el reino a Israel en este tiempo?".
2. Paralelismo entre aquel tiempo y hoy.
3. ¿Cuál fue la respuesta a esa pregunta sobre la hora?

II. Cuerpo

A. Era el tiempo de esperar en el Señor (vv. 4-8).

1. Estaban esperando el cumplimiento de la promesa del Padre.
   a. Esa promesa era la venida del Espíritu Santo.
   b. Nosotros debemos esperar la venida del Hijo.
2. Su espera resultó ser un tiempo de oración.
   a. Sabemos esto por lo que ellos hicieron.
   b. Era el momento de orar debido al terremoto que venía.
3. Es ciertamente el tiempo para orar hoy.
   a. Por la situación mundial tan amenazante.
   b. Porque los cristianos son una minoría en comparación con la población mundial.
4. Sin oración, la iglesia no puede sobrevivir.

B. Era el tiempo de dar testimonio del Señor.

1. "Me seréis testigos".
2. Había una tarea por hacer, un mundo por alcanzar.
3. La mayoría de las iglesias se quedan cortas en su testimonio.
4. Ellos debían esperar y luego ser testigos de Cristo.
5. La diferencia entre su situación y la nuestra.
   a. El siguiente gran evento de Dios para ellos fue potenciar su testimonio (el poder del Espíritu Santo).
   b. El siguiente gran evento de Dios para nosotros pondrá fin a nuestro testimonio (el rapto).

C. Es tiempo de perseverar unánimes (v. 14).

1. "Todos éstos perseveraban unánimes en oración".

2. Los tiempos eran muy serios como para demorar el testimonio.
3. Frenos para evitar las divisiones.
   a. Su experiencia con Cristo había sido renovada.
   b. La promesa del Padre estaba a punto de cumplirse.
   c. La tarea encomendada era urgente.

III. Conclusión

A. *La iglesia primitiva enfrentó el reto que les habían dado.*
B. *¿Estamos nosotros dispuestos a responder al reto que Dios nos ha dado?*
C. *¿Seremos nosotros capaces de trastornar nuestro mundo por Jesús?*

UN NUEVO COMIENZO

2 Corintios 5:17-20

I. Introducción

A. La vida cristiana tiene un comienzo.

1. Nadie nace cristiano; todos nacemos pecadores (Sal. 51:5; Ro. 3:10-23).
2. Todos necesitamos nacer de nuevo (Jn. 3:1-5, 16).

B. A veces incluso los nacidos de nuevo necesitan un nuevo comienzo.

1. Cuando viven amargados por causa del pasado.
2. Cuando están sobrecargados por el presente.
3. Cuando están preocupados por el futuro.
4. David entendió bien esto y oró por un nuevo comienzo (Sal. 51).

C. Las tres dimensiones de un nuevo comienzo.

II. Cuerpo

A. Permitamos que el pasado pase por medio del perdón.

1. "Las cosas viejas pasaron".
   a. Creamos esto en relación con nuestros pecados pasados (Sal. 103:12).
   b. Creamos esto con respecto a los pecados después de la salvación (1 Jn. 1:9).
2. Rehusemos ser atormentados por los pecados que Dios ha perdonado.
3. Un nuevo comienzo también requiere perdonar a otros (Ef. 4:30-32).
   a. Muchos quedan paralizados al negarse a perdonar.
   b. Es hora de liberarnos de viejos rencores.
4. Podemos perdonar porque hemos sido perdonados.

B. Logremos que el futuro sea fantástico a través de la fe (v. 18).

1. "Y todo esto proviene de Dios".
2. Comenzamos con Dios por fe en la salvación (Ro. 5:1; Ef. 2:8-9).
3. Toda la vida cristiana es una aventura de fe.
   a. "Mas el justo por la fe vivirá" (Ro. 1:17).
   b. La fe es confianza total en el Señor en todo; lo opuesto es temor.
   c. A media que aumenta la fe, el temor disminuye.

4. ¿Por qué hay tantos cristianos atados y limitados por el temor?
   a. Ellos no confían en Dios para todas las provisiones diarias.
   b. Han olvidado que todas las cosas son posibles con Dios (Lc. 1:37).

C. *Hagamos que el presente sea emocionante por medio del evangelismo (vv. 18-20).*
   1. "Nos dio el ministerio de la reconciliación".
   2. Se nos ha encargado que vayamos y hablemos a otros del amor de Cristo.
      a. Somos embajadores de Cristo.
      b. Debemos llevar a otros a la reconciliación con Dios.
   3. Nada es tan emocionante como testificar y llevar a otros a Cristo.

III. Conclusión

A. *¿Ha comenzado su nueva vida con Cristo?*

B. *¿Ha perdido el gozo de su salvación?*

C. *El perdón, la fe y el evangelismo pueden traernos un nuevo comienzo.*

BENDICIÓN O DESTRUCCIÓN

Salmos 1

I. Introducción

A. Este es un salmo de contrastes.

1. La descripción de un hombre justo (v. 1).
2. Lo que rechaza el hombre justo.
   a. El consejo de los malos.
   b. El camino de los pecadores.
   c. La silla de los escarnecedores.

B. ¿Qué hace que el justo se regocije? (v. 2).

1. Se deleita en la ley del Señor.
   a. Su deleite en esto es continuo.
   b. Medita en la ley de Dios de día y de noche.
2. Por tanto, es una persona positiva y de oración.

C. La persona justa es como un árbol próspero.

1. Como un árbol plantado junto a las corrientes de aguas.
2. Un árbol que produce fruto continuamente.

II. Cuerpo

A. Los malos son diferentes (v. 4).

1. Son diferentes de los justos.
2. Son como el tamo que arrebata el viento.
3. Son inestables y no se puede confiar en ellos.
   a. No tienen ancla en las tormentas de la vida.
   b. Piense en los contrastes entre la persona de fe y el escéptico.

B. Viene un gran día de separación (v. 5).

1. Los pecadores y los santos serán separados.
2. Las bendiciones esperan a aquellos que han puesto su fe en Dios.
   a. El dolor les espera a aquellos que han rechazado a Cristo.
   b. ¿Qué es lo que el futuro tiene para usted?
3. Los sabios se apartan de sus pecados y acuden al Salvador.
4. Tome la decisión que le asegura el cielo.

C. El Señor conoce el camino de los justos (v. 6).

1. No hay incertidumbre para aquellos que confían en Él.
2. ¿Cuán seguro se siente usted?

III. Conclusión

A. *Resuelva esta cuestión eterna hoy mismo.*
   1. Las dudas traen angustia.
   2. La fe trae paz.

B. *El Señor conoce el camino de los justos.*

C. *La senda de los malos lleva a la perdición.*

ROBAR A DIOS

Malaquías 3:8-12

I. Introducción

A. *Aquí tenemos una pregunta.*
   1. En la vida hay muchas preguntas desconcertantes.
   2. Malaquías nos dejó registrada una pregunta de parte de Dios.

B. *Una pregunta sobre que a Dios le roban.*
   1. Hay confusión sobre esta extraña pregunta.
   2. ¿Por qué se planteó esta extraña pregunta?

C. *Esta es una pregunta acerca de que a Dios le están robando.*
   1. ¿Robará el hombre a Dios?
   2. La gente estaba reteniendo sus ofrendas a Dios.
   3. No es de extrañar que fueran acusados de robar a Dios.

II. Cuerpo

A. *¿Cuán grave es robar a Dios?*
   1. A estas personas se les dijo que estaban malditas por robar a Dios.
      a. Retenerse de ofrendar a Dios es algo muy serio.
      b. Esta fue una acusación contra toda la nación.
   2. Claramente, retener nuestras ofrendas entristece a Dios.
      a. Esa no fue una transgresión pequeña.
      b. Esto implicaba tanto los diezmos como las ofrendas.

B. *¿Qué se podría hacer para corregir este mal? (v. 10).*
   1. Debían darle a Dios donaciones apropiadas.
      a. Esas donaciones debían comenzar inmediatamente.
      b. Diezmar es dar el 10 por ciento de nuestros ingresos al Señor.
      c. Las ofrendas son donaciones a Dios aparte del diezmo.
   2. El aumento de los ingresos resultaría en mayores bendiciones.
      a. Dios prometió a los dadores abrirles las ventanas de los cielos.
      b. Esta generosidad traería mayores bendiciones.
      c. Las bendiciones personales de muchos dadores prueban que esto es cierto.

C. *¿Cuál sería la reacción del pueblo ante las nuevas bendiciones? (vv. 11-12).*
   1. Otros notarían el aumento de las bendiciones de Dios.

2. La tierra produciría con abundancia.
3. Las naciones vecinas serían testigos de la provisión de Dios.
    a. Llamarían bienaventurados a estos dadores fieles.
    b. Dios demostraría que Él cumple sus promesas.
4. Muchos concluirían que dar más significaba mayores bendiciones.

III. Conclusión

A. *Los que dan generosamente reciben.*
B. *¿Estamos dispuestos a probar que las promesas de Dios son ciertas?*
C. *Seamos fieles a Dios y experimentemos sus bendiciones.*

CÓMO RECIBIR MÁS DE LO QUE DAMOS

Lucas 6:38

I. Introducción

A. *Estas son palabras del Señor Jesús acerca de dar y recibir.*
   1. Dios quiere que sus hijos sean dadores generosos.
   2. Jesucristo nos reveló un plan para recibir más de lo que damos.

B. *¿Es correcto esperar que nuestra ofrenda generosa nos haga receptores?*
   1. Dejemos que Jesús responda a esa pregunta frecuente (v. 38).
   2. "Dad, y se os dará".
      a. Aquí tenemos una garantía de parte del Señor de que los dadores se convierten en receptores.
      b. Considere también las cantidades que se dan y se reciben.
   3. Los dadores reciben más de lo que dan.
   4. La descripción del Señor de la buena medida a cambio.
      a. "Medida buena, apretada, remecida y rebosando".
      b. Aquellos que van a recibir en abundancia debieran dar abundantemente.

II. Cuerpo

A. *La cita famosa de John Bunyan sobre la generosidad.*
   1. "Había un hombre que, aunque algunos lo consideraban loco, cuanto más daba, tanto más tenía".
   2. Bunyan evidentemente escribió su cita basado en la experiencia.
      a. Sus años en la cárcel de Bedford demostraron que su inversión en el tiempo valió la pena.
      b. Él creyó que recibió porque había dado.

B. *La garantía de nuestro Señor de "con la medida que medís…".*
   1. Lo que recibas será igual o superior a lo que des.
      a. "Os volverán a medir" es significativo.
      b. Dios controla las balanzas y las lleva a equilibrarse.
   2. La avaricia resulta en pobreza de bendición.
   3. La generosidad garantiza mayores bendiciones.

4. Note la diferencia de lo que reciben y sobre lo que dan.
   a. Los que dan pasan ahora a la categoría de "buena medida".
   b. Sus posesiones son ahora "apretada, remecida y rebosante".
   c. El informe total de lo que reciben es que es "rebosante".

C. *El Antiguo y el Nuevo Testamento están de acuerdo en el dar y recibir.*
1. Cuanto más damos a Dios e invertimos en su obra, tanto más recibimos.
2. Cuanto menos le demos al Señor y a su obra, menos recibiremos.
3. Dar y recibir son inversiones que proporcionan grandes dividendos.
   a. La pregunta no es "¿Cuánto podemos nosotros guardar?".
   b. La pregunta correcta es: "¿Cuánto podemos dar para ayudar y bendecir a otros?".

III. Conclusión

A. *Seamos generosos en nuestras ofrendas a Dios y esperemos bendiciones.*

B. *Nuestro Señor garantiza recompensas a los que invierten sabiamente.*

C. *¿Nos convertiremos en la iglesia generosa que Dios quiere que seamos?*

D. *Solo si invertimos para la eternidad.*

LA ORACIÓN EN SECRETO

Mateo 6:6-8

I. Introducción

A. La oración es la fuente de poder del creyente.

1. Todos enfrentamos problemas demasiado grandes para que nosotros los resolvamos.
2. Nos enfrentamos a enemigos demasiado fuertes para vencerlos.
3. La oración secreta es la fuente de poder para todas las ocasiones.

B. Las instrucciones de Jesús para una oración poderosa.

1. El lugar para orar: "Entra en tu aposento".
2. La oración poderosa es privada: "Cerrada la puerta".

II. Cuerpo

A. La oración en secreto involucra solo a dos.

1. El lugar de oración es para el Señor y usted.
2. Usted sabe que su amor es fiel y permanente.
   a. Ningún problema está más allá de su cuidado.
   b. Usted no está solo: el Señor estará allí con usted.
3. Dios ha prometido que Él proveerá.
4. Él siempre está del lado del creyente.
5. Las oraciones en secreto traen respuestas en público (v. 6).
   a. ¿Necesita usted lo mejor? ¡Concíbalo!
   b. ¿Necesita descanso? ¡Crea en ello!

B. La oración en secreto no es anunciada (v. 5).

1. No hay orgullo en la oración en secreto.
   a. La oración en secreto no es para cultivar la reputación.
   b. La oración en secreto no promueve la hipocresía.
   c. La oración en secreto no busca recompensas terrenales.
2. No hay elogios en la oración en secreto.
   a. Pocos elogian a los que oran en secreto.
   b. Nadie es elegido para orar solo o en silencio.
3. La oración en secreto toca el corazón de Dios.
   a. Él responde a la oración privada y personal.
   b. Recompensas celestiales esperan a aquellos que oran en secreto.

C. La oración en secreto no puede ser programada.

1. La oración en secreto brota de un corazón tranquilo.

2. Las oraciones en secreto pueden traer un despertar en la iglesia.
3. Las oraciones en secreto pueden traer esperanza en los pasillos de los hospitales.
4. Las oraciones en secreto pueden restaurar el amor en familias con problemas.
5. Las oraciones en secreto pueden traer bendiciones y gloria a Dios.

III. Conclusión

A. *Las oraciones en secreto pueden traer renovación y avivamiento.*

B. *¿Quién va a buscar un lugar privado para orar por nuestra iglesia?*

LA SÚPLICA DE UNA MADRE POR SU HIJO

1 Reyes 17:17-24

I. Introducción

A. Una madre que ha sufrido una gran pérdida.

1. Es una viuda, lo cual significa que había perdido a su marido.
2. Es una mujer de fe y ha ministrado a Elías.
3. Ahora su único hijo ha muerto, y el dolor la está consumiendo.

B. ¿A dónde puede ir una madre cuando está en necesidad?

1. Esta madre afligida acude al hombre de Dios.
2. Elías muestra su compasión y la ayuda en su necesidad.
3. Él toma al hijo en sus brazos y empieza a suceder un milagro.

II. Cuerpo

A. Elías se prepara para orar y la respuesta está en camino.

1. El profeta lleva al hijo de la viuda al cuarto donde él estaba y habla con Dios.
    a. Le pregunta a Dios por qué ha muerto el hijo de la viuda (vv. 19-20).
    b. Quiere conocer el propósito de Dios en el dolor y angustia de la viuda.
    c. Ora pidiendo por la sanidad del hijo de la viuda (v. 21).
    d. Vea cuán específico es Elías en su oración (v. 21).
2. El Señor escuchó la oración ferviente de Elías (v. 22).
    a. "Dios mío, te ruego que hagas volver el alma de este niño a él" (v. 21).
    b. Esta es una oración al Dios viviente pidiendo resurrección.
3. El anuncio de victoria de Elías.
    a. El hijo es entregado vivo a su madre.
    b. ¡Qué gran noticia para esta madre! (v. 23).

B. La escena de victoria y vindicación (v. 24).

1. La vindicación de Elías.
    a. "Ahora conozco que tú eres varón de Dios".
    b. Todas las dudas sobre el carácter y poder de Elías desaparecieron.
2. La vindicación de la sabiduría, el poder y el amor de Dios.
    a. La palabra de Dios estaban en la boca de su siervo.
    b. Todo lo que Elías había dicho era verdad.

C. *Podemos confiar en Dios durante los tiempos difíciles.*
   1. Ningún problema es demasiado difícil para que Dios lo resuelva.
   2. Ninguna tragedia es demasiado difícil para que Dios no traiga paz.
   3. Los siervos de Dios están equipados para cada situación.
      a. Podemos confiar en que Dios dará sabiduría a sus siervos.
      b. El poder de Dios es suficiente cuando la esperanza parece haber desaparecido.
   4. La fe nos trae la victoria en los días más oscuros.

III. Conclusión

A. *Los tiempos de prueba ceden ante la verdad.*
B. *¿A qué problema difícil se enfrenta usted hoy?*
C. *Haga de cada adversidad una aventura.*

QUÉ HACER CON NUESTRAS CARGAS

Salmos 55:22-23

I. Introducción

A. Todos estamos familiarizados con las cargas.

1. Podemos tener cargas familiares.
2. Podemos tener cargas financieras.
3. Podemos tener cargas que tienen que ver con temores.

B. Dios sabe que tenemos cargas.

1. Esta es una gran ancla para nuestra fe.
2. Nuestro futuro es conocido por Dios antes de que llegue.
3. Las soluciones a nuestros problemas están esperando nuestra aceptación.

II. Cuerpo

A. La gran invitación de Dios.

1. Podemos echar nuestras cargas sobre el Señor.
2. Él está esperando para recibir todas nuestras pruebas y tentaciones.
3. El amor de Dios es más fuerte que todo enemigo que enfrentemos.
   a. ¿Por qué entonces nos preocupamos o atemorizamos?
   b. Ninguna prueba ha vencido todavía a un creyente.

B. Los límites benditos de Dios para los creyentes.

1. Considere los límites del amor de Dios.
2. Toda prueba debe pasar a través de estos límites benditos.
3. Recuerde el límite de la gracia de Dios.
4. No olvide los límites de la compasión de Dios.
5. Confíe en que los límites de la bendición de Dios le conserven a usted a salvo.

C. La gran misión de Dios cancela el permiso de Satanás.

1. Estamos seguros en los brazos de nuestro amoroso Padre celestial.
2. Vivimos dentro del círculo del cuidado de Dios.
3. No se le permitirá a ningún enemigo hacernos daño.
4. Dios tiene un plan maravilloso para nosotros.
   a. ¿Por qué vamos a temer y estar preocupados?
   b. La declaración de paz del salmista: "Pero yo en ti confiaré".

III. Conclusión

A. *Algunos se encaminan a la destrucción.*
   1. El futuro de los malvados es espantoso.
   2. El juicio espera a los que rechazan la salvación.
   3. Estemos seguros de que no vamos en compañía de los perdidos.

B. *Grandes días esperan a los que confían en el Señor.*
   1. ¿En quién ha puesto su confianza?
   2. Únase al salmista en declarar su fe en Dios.

C. *El Señor nunca le fallará ni le abandonará.*

DESCANSO PARA LAS ALMAS CANSADAS

Mateo 11:28-30

I. Introducción

A. Una invitación de parte de Jesucristo: "Venid a mí" (v. 28).

1. Esta es una invitación para los cansados.
2. Un llamado amoroso a todos los que están agotados por su mucho trabajo.

B. Nuestro Señor conoce los límites de nuestra resistencia.

1. La fe percibe que el Señor conoce nuestra fatiga.
2. Los obreros que trabajan en la cosecha de su Señor pueden estar seguros de que el Maestro se preocupa por ellos.
3. El descanso espera a los que responden a su amoroso llamado.

II. Cuerpo

A. La descripción que el Señor hace de su llamado.

1. "Llevad mi yugo sobre vosotros, y aprended de mí" (v. 29).
   a. Esta invitación de Jesús garantiza la igualdad en el servicio.
   b. Los cristianos nos convertimos en socios del Señor en su obra.
2. Día a día aprendemos más del dulce amor de Dios.
   a. El humilde Salvador hace que su servicio sea una alegría.
   b. ¿Por qué se va a negar alguien a una entrega total?

B. Trabajar con Jesús no lleva a ser parte de un llamado divino.

1. Esta es obra celestial en un mundo turbado.
2. Nos convertimos en socios de un esfuerzo divino para ganar a los perdidos.

C. El misterio de servir con alegría.

1. Este es un servicio que nos trae incalculables bendiciones.
2. En el servicio a Dios estamos muy ocupados pero también muy bendecidos.
   a. Servir a Dios nos trae gran satisfacción.
   b. La fatiga se desvanece porque ese servicio da alegría.
3. El Señor dijo: "Porque mi yugo es fácil, y ligera mi carga".
   a. Él nos da las fuerzas y también nos las renueva.
   b. Su trabajo es alegría.
   c. Servir a Dios es la obra más satisfactoria del mundo.

III. Conclusión

A. Responder al llamamiento de Dios es una gran oportunidad.

1. Recibimos las recompensas de la obediencia a la voluntad de Dios.
2. Nuestra labor nos traerá bendiciones eternas.
3. ¿Por qué, entonces, vamos a negarnos a darle todo lo que somos y tenemos?

B. El descanso para el alma es nuestra mayor oportunidad.

1. Las ganancias terrenales no pueden compararse con las recompensas celestiales.
2. Andrew Murray: "El descanso para el alma: con esa primera promesa el Salvador quiso ganar al pecador agobiado".

C. El descanso que Jesús nos da es para siempre.

D. Lo mejor está aún por venir.

HACIA ADELANTE Y HACIA ARRIBA

Filipenses 3:12-14; 1 Corintios 3:12-14

I. Introducción

A. La oración de Pablo por progreso.

1. Él reconoce imperfecciones.
    a. "No que lo haya alcanzado ya".
    b. No pretende ser perfecto.
2. Pablo sigue adelante, como nosotros debemos hacer.
    a. Él quería ser cada vez más como Jesús.
    b. ¿Cómo se comparan las metas de Pablo con las nuestras?

B. La debilidad gana el premio.

1. Los débiles necesitan confiar completamente en la fortaleza del Señor.
    a. La fe compensa nuestra debilidad.
    b. La eternidad revelará el poder de Dios obrando por medio de los débiles.
2. El plan de Dios declara que lo mejor está aún por venir.

II. Cuerpo

A. El edificador y sus materiales.

1. Dios tiene un plan para cada vida.
2. También promete materiales para que los usemos en llevar a cabo su plan.
3. La fe proporciona el fundamento sobe el cual podemos construir.

B. Nosotros elegimos los materiales que vamos a usar (1 Co. 3:12-14).

1. Algunos eligen sabiamente materiales valiosos.
    a. Oro, plata y piedras preciosas.
    b. Eso nos habla de un edificio de valor duradero.
2. Otros eligen materiales de construcción temporal y trivial.
    a. Madera, heno, paja (u hojarasca).
    b. Este edificio decepcionará a los edificadores y a su Señor.
3. Debemos examinar a menudo nuestros materiales de construcción.
4. Somos llamados a edificar vidas; debemos, pues, ser edificadores cuidadosos.

C. Las recompensas esperan a los que edifican con esmero.

1. Los buenos edificadores edifican las vidas de otros.
2. Ellos dan ejemplo de confiar siempre en Dios.
3. Su propósito en la vida es vivir para la gloria de Dios.
4. Las recompensas que recibirán estos edificadores serán eternas.

III. Conclusión

A. Los creyentes que prosiguen hacia adelante y arriba edifican sus iglesias.

1. Estos edificadores impactan a sus familias para vivir para Cristo.
2. Los vecindarios donde viven son transformados.

B. Estas personas viven para la gloria de Dios.

C. Quiera Dios que sus números aumenten continuamente.

EL GRAN PLAN DE DIOS PARA EL CRECIMIENTO

Colosenses 2:6-7

I. **Introducción**

A. *Creer es solo el principio.*

1. La salvación comienza con la fe en Cristo.
2. La fe abre la puerta a la vida eterna.

B. *La gracia y la fe hacen posibles múltiples milagros.*

1. La gracia y la fe son dones de Dios no ganados por nosotros (Ef. 2:8-9).
2. Estos grandes regalos de Dios hacen que el crecimiento sea una experiencia normal.

II. **Cuerpo**

A. *Imagínese nuestra iglesia llena con cristianos que crecen.*

1. Visualice esta congregación en movimiento para Dios.
   a. Vea una compañía de cristianos sin amargura ni enojo.
   b. Imagine una iglesia que se interesa por los perdidos.
   c. Piense en la diferencia que podríamos hacer en la comunidad.
2. ¿Cómo puede suceder este milagro?
   a. Debemos volver a los comienzos.
   b. "Por tanto, de la manera que habéis recibido al Señor Jesucristo".
   c. Este fue el llamado de Pablo para regresar al punto de partida.
   d. "andad en él" (Col. 2:6).
3. Hagamos que la fe se eleve y entonces lo mejor estará aún por venir.

B. *El llamado de Pablo a crecer en tres direcciones.*

1. Crecemos al caminar como Jesús (v. 6).
   a. Cristo es nuestro ejemplo perfecto.
   b. Caminar como Jesús atraerá a otros.
2. Crecemos al estar arraigados en Jesús (v. 7).
   a. Aumentemos continuamente nuestro conocimiento de Él.
   b. Decidamos seguir su ejemplo.
3. Crezcamos a diario estando bien establecidos en la fe.

C. *Demostremos el crecimiento por medio de la acción de gracias.*

1. Debemos alabar siempre, nunca estar haciendo pucheros.

a. Debemos demostrar fe, no miedo.
b. Debemos gloriarnos en la gracia, no quejarnos y refunfuñar.

2. Debemos mostrarnos siempre triunfantes, nunca preocupados por menudencias.
3. Los cristianos debemos ser las personas más positivas de la tierra.

III. Conclusión

A. *¿Cómo nos ve el mundo?*
B. *¿Cómo reaccionarán a lo que ven?*
C. *¿Seremos nosotros un testimonio eficaz a favor de nuestro Señor?*

1. Vivimos en un mundo necesitado.
2. Este mundo tan necesitado, ¿ve a Cristo en nosotros?
3. ¿Cómo podemos ser más eficaces en nuestro testimonio de Cristo?

JOSUÉ SE GRADÚA

Josué 1:1-9

I. Introducción

A. *Por qué se le recuerda a Josué.*
   1. Luchó en la batalla de Jericó.
   2. Los muros se vinieron abajo.

B. *Otros hechos importantes sobre Josué.*
   1. Aunque era joven, se convirtió en el ayudante de Moisés.
   2. Acompañó a Moisés al monte Sinaí.
   3. Fue elegido por Moisés como uno de los doce exploradores de Canaán.
   4. Su nombre es el equivalente de "Jesús" en el Antiguo Testamento.

C. *El día de graduación de Josué: él debe ser el líder de su pueblo.*
   1. Ese fue el gran reto de su vida.
   2. Hay muchas graduaciones en la vida.
      a. Las de la escuela.
      b. Las de las experiencias de la vida.
      c. La graduación final.

II. Cuerpo

A. *Dios tenía un plan para la vida de Josué (vv. 1-2).*
   1. Josué había nacido en Egipto como esclavo.
      a. Su futuro parecía estar en la esclavitud.
      b. Dios tenía un plan que iba más allá de las perspectivas de Josué.
   2. Josué fue liberado de la esclavitud.
      a. Un hombre llamado Moisés entró en su vida.
      b. Este hombre impactó a Josué para el servicio a Dios.
      c. La Pascua: liberación mediante sangre… el evangelio.
   3. Josué se convirtió en el ayudante de Moisés.
   4. El plan de Dios para Josué empezó a desarrollarse.
   5. Moisés murió y Josué se convirtió en el líder de Israel.
   6. Dios también tiene un plan para su vida.
      a. Un buen plan, un plan que va más allá de sus sueños.
      b. Un plan que va más allá de las pruebas de aptitud.
      c. Un plan en el que usted participa y se desarrolla mediante su entrega total.

B. Dios le dio a Josué promesas que acompañarían su plan (vv. 3-5).
1. Una promesa de bendición (v. 3).
2. Una promesa de crecimiento (v. 4).
3. La promesa de su presencia (v. 5).
4. Una promesa para los tiempos difíciles.
   a. Estar en la voluntad de Dios no significa que no van a llegar tiempos difíciles.
   b. Pero para los tiempos difíciles tenemos su promesa de que Él nos sostendrá.

C. La Palabra de Dios sería el secreto del éxito de Josué (vv. 6-8).
1. No hay éxito auténtico aparte de tomar la Palabra de Dios regularmente.
   a. La Palabra de Dios edifica la fe.
   b. La Palabra de Dios nos capacita para vencer la tentación.
   c. La Palabra de Dios nos ayuda en tiempo de derrota (Jos. 7:4-10).
   d. La Palabra de Dios produce en nosotros el crecimiento cristiano.
2. Considere al hombre bienaventurado del salmo 1.
3. ¿Es la Palabra de Dios una parte de su vida diaria?
4. ¿Desea usted estudiarla y aprender de ella?

III. Conclusión

A. Resumen y aplicación.

B. Entréguese a Cristo y comience con la vida.

TODO LO QUE NECESITA SABER PARA CRECER

1 Corintios 3:1-5

I. Introducción

A. *El gran plan de Dios para su vida: nacimiento, crecimiento y madurez.*
   1. Pero parece que muchos creyentes nunca crecen ni maduran.
   2. Tenemos iglesias llenas de niños espirituales.
   3. Este no es un problema nuevo (1 Co. 3:1-5).

B. *¿Cuáles son los rasgos de la infancia espiritual?*
   1. Tomar en vez de dar y agradecer.
   2. Discutir en vez de actuar.
   3. Seguir a los hombres en vez de al Maestro.

C. *¿Cómo podemos seguir adelante con el crecimiento?*

II. Cuerpo

A. *Debemos nacer de nuevo (Jn. 3:1-21).*
   1. Sin nacimiento no hay crecimiento.
   2. Muchos tratan de imitar la madurez cristiana sin haber nacido de nuevo.
   3. Nicodemo aprendió que necesitaba nacer de nuevo.
      a. Era un hombre muy religioso y líder de los judíos.
      b. Se quedó sorprendido y confundido con la respuesta del Señor.
      c. Podemos ser muy religiosos y, no obstante, estar perdidos.
   4. Nacemos de nuevo por medio de la fe en Cristo (Jn. 3:16).

B. *Necesitamos aprender a alimentarnos a nosotros mismos (1 P. 2:2).*
   1. Necesitamos un alimento apropiado para un crecimiento adecuado.
   2. Mucho de lo que está disponible hoy no es alimento sano.
      a. Noticias con mucha violencia.
      b. Mucho entretenimiento con tramas y presentaciones cuestionables.
   3. Cada creyente debe cultivar un tiempo devocional diario.
      a. Comenzar el día con Dios y su Palabra.
      b. Dedicar tiempo a la acción de gracias y la oración.
      c. Leer libros devocionales que le ayuden.
      d. Buscar cada día lo que edifica su fe.

C. Debemos permitir que otros nos alimenten (He. 10:25).
1. La importancia de la iglesia local (Ef. 4:11-16).
    a. La asistencia a la iglesia es vital para el crecimiento cristiano.
    b. Necesitamos al pastor y a los maestros para que nos alimenten.
    c. Necesitamos el compañerismo cristianos para animarnos.
    d. Las ordenanzas de la iglesia son experiencia en obediencia.
    e. Las oportunidades de servicio nos permiten crecer fuertes.
2. Leer libros que le edifiquen en la fe.
3. Escuchar buena música.
4. Esperar que el Espíritu Santo le hable por medio de otros.
5. Ver a Cristo obrando en las vidas de otros hermanos y hermanas en Cristo.

D. Debemos aprender a caminar (Ga. 5:16).
1. Andar en el Espíritu.
    a. No contristar al Espíritu (Ef. 4:30).
    b. No apagar al Espíritu (1 Ts. 5:19).
2. Cómo caminar.
    a. Andar en vida nueva (Ro. 6:4).
    b. Andar por fe (2 Co. 5:7).
    c. Andar como es digno del Señor (Col. 1:10).
    d. Andar sabiamente (Ef. 5:15).
    e. Andar en amor (Ef. 5:2).
    f. Andar como hijos de luz (Ef. 5:8).

E. Debemos aprender a reproducirnos espiritualmente.
1. "Nacemos para reproducirnos", de Dawson Trotman, fundador de los Navegantes.
2. El plan de Dios para la reproducción: ir, sembrar, llorar, cosechar (Sal. 126:5-6).
3. Alcance organizado; el testimonio personal.

III. Conclusión

A. La súplica de Pedro: "Creced en la gracia y el conocimiento de nuestro Señor y Salvador Jesucristo" (2 P. 3:18).

B. El crecimiento es para usted y para mí.

LA CONVERSIÓN DE SAULO EN PABLO

Hechos 9

I. Introducción

A. Toda conversión es una buena nueva.

1. Hay gozo en la presencia de los ángeles de Dios.
2. Hay gozo en el corazón de los creyentes.

B. Es muy importante cuando es personal.

II. Cuerpo

A. La pregunta del convencimiento: "Saulo, Saulo, ¿por qué me persigues?" (Hch. 9:4).

1. La primera presentación a Saulo.
   a. Oración por Saulo.
   b. Alcanzar este hombre.
2. Saulo el intelectual.
   a. Quizá la mente más grande.
   b. "No sois muchos sabios" (1 Co. 1:26).
3. Dios llevó a Saulo a esta experiencia para ayudarle a ser consciente de su pecado.
4. ¿Qué tiene que hacer Dios para que usted entienda?

B. La pregunta de la conversión: "¿Quién eres, Señor?" (Hch. 9:5).

1. La pregunta que en realidad hizo: "¿Cuál es la verdadera respuesta a la vida?".
2. Saulo, el que se había sentado a los pies de Gamaliel.
3. Saulo, el que había sido un líder religioso.
4. Saulo no esperaba la respuesta que recibió: "Yo soy Jesús".
   a. El Jesús a quien él había despreciado.
   b. El Jesús cuya vida y muerte parecían un insulto a su inteligencia.
   c. El Jesús de quien él había llegado a resentirse.
   d. El Jesús cuyos seguidores él menospreciaba.

C. La pregunta de consagración: "Señor, ¿qué quieres que yo haga?" (Hch. 9:6).

1. Esta es una declaración de entrega y dedicación.
2. Ahora se hace historia: Saulo sería usado por Dios para cambiar el mundo.
3. Saulo sería un siervo de Dios.

III. Conclusión

A. *¿Qué le dice a usted esta experiencia?*
B. *Deje que el Señor le encuentre allí donde está.*

"Y A PEDRO"

Mateo 26:69-75; Marcos 16:7

I. Introducción

A. *El discípulo criticado.*
   1. El discípulo más condenado aparte de Judas.
   2. Aparece a menudo en multitud de ilustraciones.

B. *No obstante, un discípulo favorito.*
   1. Por su entusiasmo.
   2. Por su valor y devoción.

C. *La reincidencia de Pedro: la hora más oscura de su vida.*

II. Cuerpo

A. *La fe de Pedro y su seguimiento (Mt. 26:33, 58).*
   1. Yo nunca me escandalizaré (v. 33).
   2. Carne/espíritu (Mt. 26:41; Ro. 7:19-25; 1 Co. 10:12; Gá. 5:17).
   3. Abraham y Lot, José y la esposa de Potifar.
   4. Sansón, David y Salomón.
   5. Acuda a Jesús; manténgase cerca de Él.

B. *Las relaciones de Pedro y sus olvidos (vv. 69-75).*
   1. Relaciones con malas compañías.
   2. Las malas compañías te llevan a olvidarte de Cristo.
   3. El hijo pródigo y cuando él volvió en sí y recordó.
   4. El hombre rico en el infierno.
   5. Salmos 1:1.
   6. Usted no es más fuerte que Pedro.

C. *El miedo y la falsedad de Pedro (vv. 69-75).*
   1. "El temor del hombre pondrá lazo" (Pr. 29:25).
   2. Las falsedades en la vida surgen por causa del temor al hombre.
   3. Negó a Jesús con juramento.

III. Conclusión

A. *El remordimiento sincero y profundo de Pedro.*
   1. Lloró amargamente.
   2. La leyenda de los años siguientes.

B. *El gran Salvador que perdona.*
   1. La oración de Jesús por Pedro (Lc. 22:31-32).
   2. Las palabras de Cristo después de la resurrección (Jn. 21:15-17).

EL PRIMER AVIVAMIENTO EN LA IGLESIA

Hechos 2:41-47

I. **Introducción**

A. *Comunión y avivamiento.*

1. Walter Boldt: el avivamiento es "la acción de Dios restaurando la salud de su iglesia".
2. Charles Finney: el avivamiento es "la renovación del primer amor de los cristianos, que resulta en el despertar y conversión de los pecadores a Dios".

B. *Los siglos I y el XXI.*

1. Los cristianos, una pequeña minoría.
2. El reloj profético de Dios sigue corriendo rápidamente.

C. *El primer avivamiento: la Iglesia nació fruto de un avivamiento. ¿Por qué? ¿Qué hizo que fuera diferente?*

II. **Cuerpo**

A. *Tuvieron una experiencia renovada con Cristo.*

1. Era un grupo de fracasados, de individuos poco prometedores.
2. El llamamiento y encargo que recibieron.
3. Poco antes habían estado al pie de la cruz.
   a. Habían visto el cumplimiento de las profecías.
   b. Se vieron a sí mismos tal como eran.
   c. Vieron a Cristo como su sacrificio expiatorio.
4. También estaban convencidos de que Él había resucitado.
5. Esperaban su regreso.

B. *Estaban entusiasmados por Cristo.*

1. "Se les aparecieron lenguas repartidas, como de fuego" (v. 3).
2. El fuego de los nuevos convertidos.
3. El mundo necesita ver una iglesia entusiasmada.
   a. No solo fundamental en doctrina, sino apasionada.
   b. No solo sana en la doctrina (pues puede estar sanamente dormida).
   c. No solo fiel en la predicación del evangelio, sino saliendo y compartiendo también.
   d. No solo con mentalidad misionera; sino misioneros en la práctica.
4. La palabra aterradora dicha a los de Laodicea (Ap. 3:14-19).

C. Habían encontrado la verdadera comunión en Cristo.

1. Este grupo, que una vez estuvo dividido, ahora se amaban unos a otros.
2. Note la base de su compañerismo.
    a. La doctrina de los apóstoles: la verdad.
    b. El partimiento del pan: comunión.
    c. Oración: vivían en la comunión de la oración.
3. Bendito sea el lazo de amor cristiano que une nuestros corazones.

III. Conclusión

A. ¿Qué está haciendo Dios en su vida?

B. ¿Cuán fresca en su experiencia?

LA ORACIÓN DEL SEÑOR EN EL DÍA DEL PADRE

Mateo 6:9-13

I. Introducción

¿Qué lecciones fáciles del Día del Padre encontramos en esta oración?

II. Cuerpo

A. Nos habla del Padre (v. 9).

1. Tal vez comprendemos mejor a nuestro Padre Celestial después de convertirnos en padres terrenales… la entrega de su Hijo.
2. Nuestro amoroso Padre en el cielo.
3. La Biblia nos habla mucho sobre el Padre.
   a. Él ve a los pajarillos caer (Mt. 10:29).
   b. Alimenta a las aves.
   c. Anhela aliviarnos de nuestros temores.
   d. Envió a su Hijo.
4. Nos convertimos en sus hijos mediante la fe en Jesucristo (Jn. 1:12).

B. Nos habla del futuro (v. 10).

1. "Venga tu reino".
2. ¿Está usted cansado y entristecido por tanto crimen en este mundo?
3. ¿Está harto de tanta violencia y titulares en los periódicos?
4. ¿Está desalentado por lo que sucede en las naciones?
5. Viene un día mejor (Is. 11)

C. Nos habla del alimento (v. 11).

1. Nuestro Padre celestial nos proporciona nuestro pan diario.
   a. Él nos da fuerzas para trabajar.
   b. Nos provee de trabajo.
   c. Él pone su mano en nuestros asuntos económicos.
2. ¿Le ha dado hoy las gracias por el alimento recibido?

D. Nos habla acerca del perdón.

1. ¡Qué palabra tan buena es esa!
2. Nosotros podemos perdonar porque hemos sido perdonados.
3. El amor de Dios queda demostrado porque Él perdona.
4. Si usted se pregunta si el Padre le ama, ¡recuerde la cruz!

E. Nos habla de libertad.
1. Todo pecado esclaviza.
2. Ceder a la tentación trae esclavitud.
3. Muchas vidas quedan arruinadas al ceder a la tentación.
4. Pero nuestro Señor puede librarnos de la tentación (1 Co. 10:13).

F. Termina dándonos seguridad para siempre.
1. Él es el Dios eterno y para siempre.
2. Nosotros estamos sujetos y limitados al tiempo.
3. Él conoce todo lo relacionado con la eternidad.
4. ¿Está usted listo para la eternidad?

III. Conclusión

A. La Oración del Señor en el Día del Padre.
B. Preparado para el tiempo y la eternidad.

¡VIERON MORIR A JESÚS!

Lucas 23:46

I. Introducción

A. Domingo de Ramos (Mt. 21:1-11).

1. La multitud, las ramas de árboles y el clamor.
2. Pasaron de coronarle a crucificarle.

B. De allí a la cruz.

1. Juan 10:10-18: puso su vida para volverla a tomar.
2. El huerto, el juicio, los azotes, y la cruz.

C. El camino del Calvario: la multitud representativa.

1. Los pocos fieles, Pedro y José de Arimatea.
2. Los sacerdotes, los fariseos y los soldados.

D. ¡Ver morir a Jesús! Eso es lo que debió haberles hecho darse cuenta.

1. Su ternura ("Padre, perdónalos…", "Mujer, he ahí tu hijo").
2. Su compasión por los pecadores ("De cierto te digo que hoy estarás conmigo…").
3. Su agonía ("Dios mío, Dios mío…", "Tengo sed").
4. Su propósito: una tarea por hacer ("Consumado es").
5. Las últimas palabras de Jesús al morir ("Padre, en tus manos encomiendo mi espíritu").

II. Cuerpo

A. Todo hombre posee un espíritu.

1. El énfasis sobre lo físico en la crucifixión.
2. La venta por un poco de plata, los azotes, los clavos, las espinas, la sangre.
3. "Su sangre sea sobre nosotros, y sobre nuestros hijos" (Mt. 27:25).
4. Lo espiritual suprimido de sus pensamientos:
   a. No estaba en las mentes de los soldados que jugaban allí.
   b. Incluso los sacerdotes habían degradado la verdad en una religión formal.
   c. Los malhechores solo estaban preocupados con lo que habían conseguido.
5. ¿Se ha olvidado usted de lo espiritual en su vida?

B. El espíritu de cada hombre existirá conscientemente después de que el cuerpo haya muerto.

1. El hombre rico y Lázaro; la realidad del infierno.
2. Moisés en el monte de la transfiguración (Mt. 17).
3. El ministerio de Cristo mientras su cuerpo estaba en la tumba (1 P. 3:19).
4. Apocalipsis 6; note que las almas salen de la tribulación.
5. ¿Dónde estará usted cinco minutos después de morir?

C. Cada hombre puede prepararse y conocer el destino de su espíritu después de la muerte.

1. Observe la confianza y victoria del Salvador.
2. Recuerde las palabras de Jesús al malhechor (Lc. 23:43).
3. Recuerde Juan 14.
4. Vea cómo esto se llevó a cabo en la Iglesia (Hch. 7:54-60).
5. ¿Conoce usted el destino de su espíritu después de la muerte?

III. Conclusión

A. El efecto sobre aquellos que vieron morir a Jesús.

B. ¿Cuál será el efecto en usted?

JESÚS TOMA EL LUGAR DE BARRABÁS

Mateo 27:16-26

I. Introducción

A. El hombre en Jerusalén que les hacía sentirse muy incómodos.

1. Pilato está muy presionado por los judíos.
2. El sueño de su esposa: "No tengas nada que ver con ese justo" (27:19).
3. La lucha de Pilato por dejar libre a Jesús.

B. La gran pregunta de Pilato (v. 22).

1. Su pregunta debería ser nuestra pregunta hoy.
2. Al final decidió resolverlo lavándose las manos; eligió la neutralidad.

C. Decide soltar a Barrabás y crucificar a Jesús.

II. Cuerpo

A. El contraste entre Jesús y Barrabás (vv. 16-19).

1. La elección entre el hombre natural y el espiritual.
2. Las diferencias superficiales que confunden a los hombres.
3. Piense en las diferencias que cuentan para Dios.
4. Vamos a considerar a Barrabás:
    a. Era un asesino y culpable de insurrección.
    b. Era básicamente un infeliz y se volvió antisocial en su conducta.
    c. Pero ¿era realmente diferente?
        (1) Miles habían asesinado antes que él.
        (2) Millones habían seguido a líderes de disturbios e insurrecciones.
5. Cada generación desea ser diferente de la anterior.
    a. Vestidos, peinados, cosas nuevas.
    b. Pero no hay nada nuevo bajo el sol (Ec. 1).
6. Jóvenes y adultos, por favor, noten la diferencia. La verdadera diferencia radica en elegir entre el pecado y la justicia en cualquier generación.

B. La elección entre Jesús y Barrabás (vv. 20-24).

1. Pilato ofreció a la multitud elegir entre Jesús y Barrabás.
2. "¿A quién queréis que os suelte?" (v. 17).
3. Su elección fue entre:
    a. La maldad y la rectitud.

      b. El pecado y la santidad.
      c. La oscuridad y la luz.
   4. Cómo llegaron a tomar esa decisión (v. 20).
      a. Fueron influenciados por otros.
      b. Muchos se perderán porque otros los influenciaron.
   5. ¿Cuán será su elección hoy?

C. *Las consecuencias de la elección entre Jesús y Barrabás (vv. 25-26).*
   1. Las consecuencias para las personas.
   2. La consecuencia para Jesús.
      a. Azotado y entregado por Pilato para ser crucificado.
      b. Cristo murió por Barrabás.
   3. Las consecuencias para Barrabás: quedó en libertad, el tipo perfecto de expiación sustitutiva.
   4. Las consecuencias para los judíos (v. 25).

III. Conclusión

A. *¿Qué decisión tomará usted acerca de Jesucristo?*

B. *Usted puede quedar libre del pecado y de la muerte.*

AVIVAMIENTO

Hechos 4:31-33

I. Introducción

A. *Un mensaje sobre avivamiento.*
   1. Una palabra usada a menudo en nuestro tiempo.
   2. La mayoría de los cristianos están de acuerdo en que necesitamos avivamiento.
   3. Algunos incluso sienten que la nación morirá sin ello.
   4. Pocos lo esperan.

B. *¡La necesidad urgente de avivamiento ahora!*
   1. Las condiciones de nuestro tiempo: usted las conoce bien.
   2. La brevedad del tiempo: el cumplimiento profético.

II. Cuerpo

A. *Qué es el avivamiento.*
   1. El significado es reavivar, dar vida de nuevo.
   2. Es algo más profundo que una semana de reuniones con un evangelista o con un grupo musical.
      a. No obstante, ese es el pensamiento habitual sobre el avivamiento.
      b. Anuncios: El avivamiento comenzará. El avivamiento terminará.
   3. El avivamiento es específicamente una actividad cristiana.
      a. Tiene que ver con volver a la vida que estaba allí.
      b. No puede ser la experiencia del mundo.
      c. No es algo que pueda ser legislado, decretado o votado.
      d. Walter Boldt: el avivamiento es “La acción de Dios restaurando la salud de su iglesia”. Esto puede ser cierto de todo el cuerpo de Cristo, de una sola iglesia local, o un cristiano individual.
   4. Si usted no es salvo, no necesita avivamiento; lo que necesita es salvación.
   5. ¿Quién necesita avivamiento?
      a. Un cristiano que recuerda días mejores.
      b. Un cristiano que ha perdido el gozo de la salvación.
      c. Un cristiano que se ha vuelto insensible, frío o crítico.
      d. Un cristiano que se ha vuelto débil, caprichoso o mundano.

B. *Lo que hace el avivamiento.*
   1. El avivamiento revitaliza la oración: “Cuando hubieron orado…”.
      a. Lo que Pedro habría hecho antes del avivamiento: desesperarse.

   b. Lo que Tomás hubiera hecho antes del avivamiento: dudar.
   c. Lo que las mujeres habrían hecho antes del avivamiento: rituales religiosos.
   d. Ahora, bajo condiciones muy tensas, ellos oraron fervientemente.
   e. En cada gran obra hay siempre un bendito círculo de oración.
2. El avivamiento limpia la iglesia de divisiones y diferencias.
   a. "La multitud de los que habían creído era de un corazón y un alma".
   b. Eso es el amor en acción; las quejas y pequeñeces desaparecen.
   c. Las viejas heridas se sanan; el perdón fluye libremente.
3. Los cristianos se vuelven más conscientes del poder de Dios que de los problemas humanos.
   a. Sacan los problemas a la luz para resolverlos.
   b. Lo que está haciendo el Señor, o el diablo.
4. El avivamiento produce testigos y testimonios poderosos (v. 33).
   a. Algunas iglesias pleitean y pelean; otras son clubes de mutua admiración; ambas están equivocadas.
   b. Si no hay una preocupación mayor por las almas, hemos fallado.

C. *Cuándo comienza el avivamiento.*
1. El avivamiento empieza cuando uno o más creyentes se reconcilian plenamente con Dios y unos con otros.
2. El avivamiento comienza cuando usted quiere que empiece. "Avívanos, Señor; sintamos el poder del Santo Espíritu de Dios en todo nuestro ser... Inflama el fuego de tu amor en cada corazón", de Fanny J. Crosby [*Himnario Bautista*, 271, CBP).

III. Conclusión

A. *¿Desea usted de verdad un avivamiento?*

B. *Rodney "Gypsy" Smith: "Vaya a casa. Enciérrese en su habitación. Arrodíllese en medio del piso y, con un trozo de tiza, dibuje un círculo a su alrededor. Allí, de rodillas, ore con fervor y quebrantamiento de espíritu para que Dios inicie un avivamiento dentro de ese círculo de tiza".*

ESTADOS UNIDOS: SU GRAN ENEMIGO, SU MAYOR BENDICIÓN Y SU MÁS GRANDE OPORTUNIDAD

Proverbios 14:34

I. Introducción

A. Dame la libertad o dame la muerte.

1. Ese fue el grito que animó a nuestros antepasados a luchar por la libertad.
2. Tal vez nunca antes desde ese momento han estado los Estados Unidos tan cerca de esa decisión.

B. Hoy quiero dar gracias a Dios por los Estados Unidos.

1. Ciertamente fue levantado por Dios para sus propósitos, incluyendo la actividad misionera.
2. ¡Quiera Dios que siga siendo libre hasta que Cristo Jesús vuelva!

C. Los Estados Unidos y el mundo están en gran peligro.

II. Cuerpo

A. Los Estados Unidos: su más grande enemigo (Is. 14:12).

1. "Tú que debilitabas a las naciones".
2. Los enemigos de los Estados Unidos.
3. Satanás es el verdadero enemigo de los Estados Unidos.
    a. Él descarta la importancia de la Palabra de Dios (Gn. 3).
    b. Él descarta la realidad de los juicios de Dios (decadencia moral).
    c. Él distorsiona el valor de las bendiciones de Dios (Éx. 32).
        (1) En el cruce del Mar Rojo por Israel.
        (2) La adoración del becerro del oro por Israel.
    d. Él quiere mostrar los llamados beneficios del pecado.
4. Los Estados Unidos están siendo debilitados por el pecado.

B. Los Estados Unidos: su mayor bendición (Pr. 14:34).

1. La justicia engrandece a una nación.
2. En medio del pecado y del libertinaje hay un remanente fiel.
3. La rectitud y su valor para una nación.

a. La justicia y la rectitud traen bendiciones del cielo (Dt. 28).
b. La justicia detiene el juicio de Dios (Lot).
c. La justicia que retiene el surgimiento del anticristo.
4. Por amor de los escogidos (Mt. 24).

C. *Los Estados Unidos: su más grande oportunidad (Ap. 5:9).*
1. La escena del cielo: la razón por la que estaban allí.
2. La tierra de las oportunidades.
3. La oportunidad de escuchar, de prestar atención y anunciar el evangelio.
4. Haga que sea personal, evidente y precioso.
5. El valor eterno de la salvación.

III. Conclusión

A. *La tragedia de que los Estados Unidos se pierda.*
1. Los institutos bíblicos y la obra misionera.
2. El mundo sujeto a esclavitud.

B. *La tragedia de estar perdido en los Estados Unidos.*
1. Morir de sed en el manantial.
2. Sea salvo hoy; la advertencia de Jesús.

EL QUE GOBIERNA LAS OLAS

Marcos 4:35-41

I. Introducción

A. La historia de uno de los más grandes milagros de Cristo.

1. Cuando Jesús hizo que los vientos le obedecieran.
2. El hombre hoy, a pesar de todo su conocimiento y poder, no puede controlar las tormentas.
    a. Tornados, huracanes, etc.
    b. Las nubes que se arremolinan y el Salvador sobrenatural.

B. Venga al mar de Galilea.

1. Las parábolas, la multitud y la autoridad.
2. Llega el atardecer y el sol empieza a ponerse; el Salvador cansado.

C. El que gobierna las olas.

II. Cuerpo

A. La declaración (vv. 35-36): "Pasemos al otro lado".

1. Tenga en cuenta lo que sucede como resultado de esa declaración.
    a. Los discípulos despidieron a la multitud.
    b. Nadie preguntó nada sobre el estado del tiempo.
    c. Lo avanzado de la hora no parecía ser un problema.
2. Lo que esa declaración garantizaba.
    a. Que cuando los discípulos se metieron en la barca, Jesús iría con ellos.
    b. Que Jesús tenía algo que hacer en el otro lado.
    c. Que la barca no se hundiría.
3. Fíjese en cuán similar es esa afirmación a la invitación de Cristo a la salvación.
    a. El mar: el mar de la vida.
    b. El otro lado: el cielo.

B. La tormenta (vv. 37-38).

1. Se levantó una gran tempestad de viento.
    a. Todo era paz en la barca con Jesús.
    b. Repentinamente se presentó la tormenta y las olas golpeaban con fuerza.
2. Con cuanta rapidez aparecen las tormentas en la vida.
    a. Todo parece moverse con suavidad, entonces, de repente, se presenta la crisis: física, financiera, familiar.

b. Hay poca distancia entre el triunfo y las lágrimas, del monte al valle.

3. Note estos hechos importantes:
   a. Los cristianos también experimentan tormentas.
   b. Los cristianos son a veces débiles en las tormentas.
   c. Los cristianos tienen un refugio en las tormentas.
   d. Desconcertados y asustados, llamaron a Jesús.

C. El Salvador (vv. 38-40).

1. "Maestro, ¿no tienes cuidado que perecemos?".
   a. Qué interesante que le hicieran esa pregunta a Jesús.
   b. Él vino para que los hombres no perecieran (Jn. 3:16).
2. Los discípulos pensaron que Él no se preocupaba, de lo contrario, no habría permitido la tormenta, pero eso no es cierto.
3. Cristo no está muerto hoy; Él no es solo el Dios del ayer.
4. Cristo respondió a su llamado.
   a. Se levantó y habló al viento y al mar.
   b. Se produjo una gran calma; Él los reprendió por su temor.

III. Conclusión

A. Note cuánto más Jesús significó para ellos: "¿Quién es éste, que aun el viento y el mar le obedecen?".

B. Permita que Cristo calme sus tormentas.

MIEMBROS DEL CUERPO

1 Corintios 12:12-31

I. Introducción

A. *El apóstol trata aquí un tema delicado.*
   1. Uno sobre el cual hay mucho desacuerdo.
   2. Un asunto que debería unir, pero que por el contrario divide.

B. *No se pierda lo más importante.*
   1. Su necesidad no es doctrina sino liberación.
   2. No es algo sectario, sino salvación.
   3. Haga que el evangelio se vea claro y sencillo.

C. *Busquemos hacer simple una verdad profunda.*

II. Cuerpo

A. *El bautismo en el cuerpo de Cristo (vv. 12-13).*
   1. La promesa del bautismo del Espíritu Santo (Mt. 3:11; Jn. 1:26).
   2. La promesa a los discípulos (Hch. 1:5).
      a. El cumplimiento a los discípulos.
      b. ¿Por qué es diferente de nuestra experiencia?
   3. El misterio de ser parte del cuerpo de Cristo.
      a. La oración de Jesús por esto (Jn. 17:20-23).
      b. El misterio de que una joven pareja se convierta en uno (Ef. 5).
   4. Note:
      a. Este bautismo que nos une es por el Espíritu, no por el agua.
      b. Este bautismo involucra a todos los cristianos.
      c. Este bautismo se lleva a cabo en la salvación (Ro. 8:9).

B. *La diversidad en el cuerpo de Cristo (vv. 14-18).*
   1. Está compuesto de diferentes razas y caras.
   2. Caminar, oír, ver (vv. 15-17).
   3. Cuán fácil es para todos nosotros fallar aquí.
   4. Los dos grandes peligros.
      a. El peligro de pensar de que no agradamos a Cristo a menos que imitemos a otros.
      b. El peligro de pensar que otros cristianos están fallando si no se acomodan perfectamente a nuestra forma de funcionar (Fil. 2:1-8).
   5. “Como él quiso” (v. 18).

C. La unidad en el cuerpo de Cristo (vv. 19-27).

1. Note que esta unidad es la de un organismo, no la de una organización.
    a. El impulso de la llamada unidad cristiana tiene una base errónea.
    b. El Señor nunca oró por una superiglesia, ni planeó tenerla.
2. La búsqueda ecuménica por algún documento que una a todo el cristianismo fracasará.
    a. De la misma manera que un científico no puede crear a un hombre.
    b. La letra mata; el Espíritu da vida.
3. La importancia que los cristianos tienen unos para otros.
4. No debe haber cismas en el cuerpo.

III. Conclusión

A. El vínculo que edifica el cuerpo de Cristo.

1. El amor que lo une todo.
2. Oremos para que ese amor se vea en nosotros.

B. Lea 1 Corintios 13.

SOY DEUDOR

Romanos 1:14-17

I. Introducción

A. *Algunos piensan que el mundo les debe algo.*
   1. Pereza.
   2. Refunfuñan cuando no todo está saliendo bien.

B. *El apóstol Pablo pensaba que él le debía algo al mundo.*
   1. Dios había rescatado a Pablo del dolor y del infierno.
   2. Pablo procuró siempre llevar a otros al conocimiento de las buenas noticias de Dios.

C. *"Soy deudor".*

II. Cuerpo

A. *Pablo, el hombre en deuda (v. 14).*
   1. Un hombre en deuda es alguien que ha recibido algo.
      a. En deuda: un coche, una casa, alimento, servicio.
      b. Pablo ha recibido algo: la salvación.
   2. La deuda de Pablo no es una deuda de pecado.
      a. Ese es el primer pensamiento en muchos de nosotros.
      b. Esa deuda fue pagada en la cruz; nosotros nunca hubiéramos podido pagarla.
   3. La deuda de Pablo es una deuda de gratitud.
      a. Gratitud por haber sido salvado.
      b. Gratitud por la gracia de Dios a su favor.

B. *¿A quién debía Pablo pagar su deuda?*
   1. A los griegos y no griegos, a los sabios y a no sabios.
   2. Es importante saber dónde se debe pagar la deuda.
      a. La dirección en el sobre o en el libro de pago.
      b. Nuestra deuda de gratitud debe pagarse en servicio a los hombres.
   3. Ilustraciones de cómo esto debe ser cierto.
      a. Las buenas noticias: Dios no lo necesita, los hombres sí.
      b. Gracia: Dios no lo necesita, los hombres sí.
      c. Perdón: Dios no lo necesita, los hombres sí.
   4. Cómo ministrar a las necesidades de Jesús.
      a. Su hambre: Usted encontrará muchos que están hambrientos.
      b. Su dolor de corazón y lágrimas: También encontrará muchos que lloran.

c. Sus heridas: Muchos están heridos y sangrando ahora.
d. "En cuanto lo hicisteis a uno de estos mis hermanos más pequeños" (Mt. 25:40).

5. Note el alcance del endeudamiento de Pablo.
a. A griegos y no griegos: a sabios y no sabios.
b. Al sabio y no sabio: a los instruidos y los ignorantes.
c. Visiones estrechas: debemos continuar ampliando nuestra visión.

C. *Pablo estaba listo para pagar su deuda.*
1. "En cuanto a mí, pronto estoy...".
2. Aunque "no debamos nada a nadie", entendemos que debemos pagar nuestras deudas como podamos.
3. Muchas condiciones pueden llevar a contraer deudas, pero las deudas continuas no son comprensibles cuando uno tiene los recursos para pagarlas, pero no lo hace.
4. Pablo estaba dispuesto y preparado.
5. "Así que, en cuanto a mí, pronto estoy...": eso es verdadera consagración.

III. Conclusión
A. *¿Está usted listo?*
B. *El buen sentimiento de una deuda pagada.*

FELIPE, EL DIÁCONO DINÁMICO

Hechos 8:26-40

I. Introducción

A. Los gigantes de Dios no siempre son llamados ministros.

1. Dios a menudo se ha complacido en usar a otros para su gloria.
2. D. L. Moody, un vendedor de calzado poco instruido, conmovió dos continentes.
3. Billy Sunday, un jugador profesional de béisbol se convirtió en un evangelista influyente.

B. Felipe, el diácono dinámico.

1. Le encontramos por primera vez en Hechos 6:5.
2. Felipe resultó ser un gran ganador de almas.
3. Esa es la más grande necesidad de nuestro tiempo.

C. Los secretos de este laico por el Señor.

II. Cuerpo

A. Felipe estaba en sintonía con el Espíritu de Dios (v. 29).

1. Felipe y su éxito en Samaria (vv. 5-8).
2. El Señor le habló de forma sobrenatural a Felipe.
3. Del avivamiento en Samaria al desierto.
4. Era probablemente una gran caravana con el carro del eunuco en medio de ella.
5. ¿Está usted escuchando si Dios le envía a ganar a otros?
6. Dios está muy interesado en resultados definitivos.
7. Dios envía a sus siervos a preparar a las personas.
8. Es muy fácil abrir nuestro paraguas espiritual y pasar por alto su voluntad.

B. La herramienta de Felipe era la Palabra de Dios (v. 35).

1. El eunuco no encontró la respuesta en los servicios; ahora escudriña las Escrituras y esa es una buena idea.
2. El eunuco leía mientras los caballos corrían, invitó a Felipe a que le ayudara.
3. Acepte al siervo de Dios que Él le envía para guiarle.
4. Felipe comenzó en la misma Escritura que el eunuco leía.
   a. Felipe usó la Palabra de Dios.
   b. Felipe le predicó a Jesús, el mensaje del libro.
5. Fue Jesucristo quien sufrió y murió por usted.

C. La meta de Felipe era la salvación por medio del Hijo de Dios (v. 37).

1. El deseo del eunuco de ser bautizado.
2. Qué fácil le resultaba a Felipe anotar otro convertido.
3. El verdadero objetivo era la salvación, no solo religión.
4. Si crees en tu corazón… (Ro. 10:9).
5. Un servicio de bautismo en el desierto.

III. Conclusión

A. Persista en el testimonio personal y en ganar almas.

B. Escuche al Espíritu, use la Palabra de Dios, céntrese en Jesucristo.

DE PODEROSO A ESCLAVO

Jueces 16

I. **Introducción**
   A. *El nacimiento divino de Sansón: prometido a Manoa.*
      1. El dolor de corazón que se avecinaba.
      2. Las posibilidades.
   B. *Los primeros años y su gran fortaleza.*
      1. Padres piadosos, sin hábitos de pecado.
      2. Despedaza a un león, mata a mil hombres, se lleva las puertas de Gaza, más rápido que los zorros.
      3. Sansón y el problema de los ojos.
      4. La idea falsa de Sansón de jugar con el pecado.

II. **Cuerpo**
   A. *El pecado trae imprudencia (v. 17).*
      1. La evolución del pecado.
      2. Las cuerdas, las sogas, las trenzas de su cabello y, finalmente, afeitado.
      3. El pecado en secreto trae el pecado a la vista.
      4. Secreto ahora, pero imprudencia más tarde.
   B. *El pecado trae impotencia (v. 20).*
      1. La gran mentira de Satanás y la hombría.
      2. El poderoso Sansón se queda sin poder.
      3. El poder le pertenece a Dios.
   C. *El pecado trae ceguera (v. 21).*
      1. Los enemigos le arrancaron los ojos a Sansón.
      2. La ceguera trágica del pecado.
      3. Cegados al amor y el gozo de Cristo.
      4. Cegados a lo recto y justo.
   D. *El pecado trae esclavitud (v. 21).*
      1. La imagen triste de Sansón como esclavo.
      2. Ciego, rapado y golpeado.
      3. Romanos 6:1-13.
      4. No se convierta en un esclavo del pecado.

III. **Conclusión**
   A. *El clamor de Sansón desde la esclavitud y el pecado.*
      1. La respuesta de Dios y el poder de Sansón.
      2. La muerte de Sansón.

B. El final de la vida de Sansón pudo haber sido muy diferente.
C. Una vida pecaminosa es una vida desperdiciada.

EL BAUTISMO BÍBLICO

Mateo 3:13-17

I. Introducción

A. *Un asunto peligroso.*

1. La historia muestra que el tiempo del bautismo ha sido también con frecuencia un tiempo de persecución.
2. Eso es a menudo todavía cierto en el campo de misión.

B. *Un asunto muy malentendido.*

1. Algunos creen que no debemos ser bautizados con agua en absoluto.
2. Los de la Iglesia de Cristo creen que no hay salvación sin bautismo.
3. Algunos rocían con agua, otros vierten agua, y otros sumergen tres veces.
4. Algunos creen que cualquier cristiano puede bautizar a otro; otros creen que solo algunos hombres en la iglesia pueden bautizar.

C. *Respuesta a preguntas sobre el bautismo.*

II. Cuerpo

A. *¿Quiénes deben ser bautizados?*

1. Hay muchos errores sobre este asunto.
   a. Algunos bautizan a los niños para evitar que vayan al infierno.
   b. Algunos bautizan como un primer paso para entregarse a Dios.
   c. Algunos se bautizan por otros, como los mormones hacen por los muertos.
2. La Biblia enseña que solo los salvos deben ser bautizados.
   a. Hechos 2:41: los convertidos en la iglesia del Nuevo Testamento.
   b. Hechos 10: Cornelio y su familia.
   c. Hechos 16:31-33: el carcelero y su familia.
3. El factor decisivo (Hch. 8:36-37): "Si crees de todo corazón, bien puedes".

B. *¿Cómo deben los creyentes ser bautizados?*

1. Hay muchas ideas inusuales sobre esto.
   a. Aspersión (rociar): varias denominaciones.
   b. Derramar: también varias.
   c. Inmersión.

2. La inmersión es apropiada debido al significado de la palabra.
   a. *Baptizo*: lavar, sumergir.
   b. Sumergir.
3. Debe ser por inmersión debido al significado de la ordenanza.
   a. La comunión representa la muerte de Cristo.
   b. El bautismo representa su sepultura y resurrección (Ro. 6:3-4).
4. Martín Lutero: "Es mi deseo que los bautizados sean totalmente sumergidos, de acuerdo con el significado de la palabra y el sentido del misterio".

C. *¿Por qué los creyentes deben ser bautizados?*
1. El bautismo es seguir a Jesús (Mt. 3:13-17).
2. El bautismo es obediencia a Cristo (Mt. 28:18-20).
3. El bautismo es identificación pública con Jesucristo (Hch. 2:41).
   a. El propósito del bautismo del Nuevo Testamento.
   b. El costo para los nuevos convertidos.
   c. Identificación con el Cristo crucificado, sepultado y resucitado.

III. Conclusión

A. *Solo los salvos deben ser bautizados.*
B. *Todos los salvos deben ser bautizados por inmersión.*
C. *Los creyentes bautizados deberían verlo como un hito importante en su experiencia cristiana.*

EL PERIODO DE TRIBULACIÓN

Mateo 24:21-22

I. Introducción

A. *A nadie le gusta esperar un tiempo de dificultades.*
   1. Es mucho mejor pensar solo en las bendiciones anunciadas.
   2. Es más fácil dedicarse a pensar en el rapto, el reino y el cielo.

B. *Sin embargo, los escritores de la Biblia y los estudiantes bíblicos han visto durante generaciones en la Palabra de Dios un tiempo de dificultades para esta tierra.*

II. Cuerpo

A. *¿Cómo describe la Biblia este tiempo de dificultades?*
   1. Un tiempo de indignación (Is. 26:20-21; 34:1-4).
   2. Un tiempo de ira (1 Ts. 5:1-10; Ap. 6:12-17; Ap. 16).
   3. Un tiempo de angustía (Jer. 30:7; Dn. 12:1).
   4. La gran tribulación (Mt. 24:21-22).
   5. Un tiempo de aflicción de las naciones (Lc. 21:25-26).
   6. Un tiempo de juicio (Ap. 14:7; 15:4; 19:2).

B. *¿Qué sucederá durante este período de tribulación?*
   1. Una federación de estados en el antiguo Imperio romano (Dn. 2, 7).
   2. El ascenso de un líder político en este imperio que hace un pacto con Israel (Dn. 9:27).
   3. La formación de una religión falsa bajo el falso profeta (Ap. 13:11-18).
   4. El derramamiento de los juicios bajo los sellos (Ap. 6).
   5. La separación de los 144.000 testigos (Ap. 7).
   6. El surgimiento de los dos testigos de Dios (Ap. 11).
   7. La terrible persecución de Israel (Ap. 12).
   8. El derrumbamiento de una iglesia profesante falsa (Ap. 17-18).
   9. La batalla de Armagedón (Ap. 16:16; 19:17-21).
   10. La destrucción de la bestia y de todos sus ejércitos y del falso profeta.

C. *¿Cómo puede uno escapar de este horrible tiempo de dificultad?*
   1. No hay personas designadas para la ira (1 Ts. 5:9).
      a. Este es el talón de Aquiles de todos los postribulacionistas.
      b. Este es definitivamente un tiempo de ira.

2. Dios cuida de su esposa.
3. Usted puede pasar de la ira a la redención.
4. Puede pasar del temor a la fe; hágalo hoy.
5. Acuda a Cristo mientras pueda.

III. Conclusión

A. Aplicación y llamamiento.

B. El incentivo y el gozo de la vida cristiana.

LA ELECCIÓN DE DIOS

1 Corintios 1:26-31

I. Introducción

A. *La situación en Corinto.*
  1. Divorcio y segundas nupcias.
  2. Confusión en los cultos.
  3. Juicios en tribunales, Comunión, ofrendas.
  4. Problemas morales y qué hacer.

B. *En la cruz está la cura.*

C. *La elección de Dios.*
  1. Estos son algunos de los versículos más sorprendentes e interesantes de las Escrituras.
  2. Los corintios tenían mucha confianza en el talento y sabiduría mundana.

II. Cuerpo

A. *Dios había elegido a los necios del mundo para avergonzar a los sabios (v. 27).*
  1. Esto es una referencia al v. 18: la locura de la cruz.
  2. También al v. 21: la locura de la predicación.
     a. "Teniendo comezón de oír, se amontonarán maestros conforme a sus propias concupiscencias" (2 Ti. 4:3).
     b. Cuanto más distinguido, menos predicación.
  3. El antiguo mensaje es muy extraño para los sabios según el mundo.
  4. Los simples no pueden perdérselo.
     a. Los salvados suelen ser los menos sabios según la evaluación del mundo.
     b. A veces aquellos que son sabios según el mundo se dan cuenta de su necedad.

B. *Dios ha elegido a los débiles para avergonzar a los fuertes (v. 27).*
  1. En cada época hay grandes obras para llevar a cabo.
  2. Dios ha elegido a los débiles para hacer su obra.
  3. Recuerde la elección de David, José, Gedeón y los poderosos madianitas.
  4. Las colonias americanas y el poderoso Imperio británico.
  5. La obra de Dios y usted.

C. Dios también eligió lo más bajo, lo menospreciado, y lo que no es, para deshacer lo que es. (v. 28).

1. Lo más bajo: los de condición más humilde.
   a. Ese es el trasfondo de muchos muy usados por Dios.
   b. Cristo nació en condición muy baja en el pesebre.
2. Lo menospreciado.
   a. Dios llega hasta la alcantarilla para salvarlos y usarlos.
   b. Cristo mismo fue despreciado y rechazado por los hombres.
3. Lo que no es.
   a. Cosas que bien pueden no existir.
   b. Dios usa esas cosas para su gloria.

III. Conclusión

A. El plan de Dios.

1. Derribar a los sabios, los nobles, los poderosos.
2. Relacionado con la caída original del hombre.

B. Propósito de Dios.

1. Que ninguna carne se gloríe en sí misma
2. Para que todo el gloriarse sea en Cristo.

SALVADOS POR COMPLETO

Hebreos 7:25

I. Introducción

A. El mensaje cristiano de salvación.

1. Lucas 19:10; Romanos 10:9-13; Hebreos 7:25.
2. No solo ir al templo, hacerse religioso, vivir mejor, o unirse a una iglesia.
3. Es Dios tratando personalmente con usted.

B. El significado de la palabra.

1. Liberación, seguridad y preservación.
2. Éxodo 14:13; Salmos 3:8; Lucas 19:9-10.

C. "Salvado por completo" (William J. Kirkpatrick, 1875): El tema del compositor.

II. Cuerpo

A. ¿Qué hará la salvación?

1. "Por lo cual puede también salvar perpetuamente".
   a. Completamente, finalmente, perfectamente.
   b. Por toda la eternidad.
2. Cambiará por completo su destino.
   a. Cada persona está en camino a un destino.
   b. Israel, aparte de la salvación, estaba volviendo a la esclavitud.
3. Cambiará por completo su perspectiva de la vida.
   a. El propósito de la vida (el caso de Zaqueo).
   b. Cambiará el sistema de valores y normas de vida.
   c. Aquí solo está de paso: en camino a su destino.
4. Cambiará por completo su manera de ver la muerte.
   a. David: "En paz me acostaré, y asimismo dormiré" (Sal. 4:8).
   b. Hebreos 2:15: queda liberado del temor a la muerte.

B. ¿Para quién está disponible la salvación?

1. Para todos los que se acercan a Dios por medio de Jesucristo.
2. El único requisito:
   a. Hace falta una cierta puntuación académica para la universidad, pero no para la salvación.
   b. Una cierta calificación para conseguir empleo, pero no para la salvación.

c. Una cierta edad para obtener privilegios, pero no para la salvación.
d. Un cierto nivel de crédito para comprar una casa, pero no para la salvación.
e. Una cierta posición para ser miembro de un club, pero no para la salvación.

3. "Para que todo aquel que en él cree, no se pierda..." (Jn. 3:16).
4. Explicación del acto de la salvación.

C. *¿Cómo puedo estar seguro de que durará?*

1. "Viviendo [Cristo Jesús] siempre para interceder por ellos".
2. Asirse de su mano y dejar que Él le guíe a casa.
3. Supongamos que...
   a. Yo viva todavía cincuenta años más, Él vive para siempre.
   b. Las tentaciones aumenten, Él vive para siempre.
   c. Mañana no me siento de esta manera, Él vive para siempre.

III. Conclusión

A. *¿Qué significó esto para los lectores de Hebreos?*
B. *¿Qué significa esto para usted?*

¿POR QUÉ LOS HIPÓCRITAS?

Mateo 13:24-30

I. **Introducción**
   A. *El gran problema de los hipócritas.*
      1. Surge en casi todos los esfuerzos para ganar almas.
      2. La importancia del problema.
         a. Se destaca por encima de todos los santos de Dios.
         b. Un peligro en la vida de los cristianos jóvenes.
   B. *¿Qué es un hipócrita?*
      1. La diferencia entre un apóstata y un hipócrita.
      2. La diferencia entre Pedro y Judas.
   C. *¿Hoy, por qué hay hipócritas en la iglesia?*
      1. Cristo anticipó el problema.
      2. Él sabía lo que había en el hombre.

II. **Cuerpo**
   A. *Porque Satanás cierra los ojos de los hombres a las realidades (v. 25).*
      1. El poder de Satanás para cegar las mentes de los perdidos (2 Co. 4:4).
      2. Dos clases de hipócritas.
      3. Los que engañan a otros (Mt. 23:14).
         a. Los ojos cerrados a la seriedad de los asuntos eternos.
         b. Los ojos cerrados al carácter santo del Señor.
      4. Los que se engañan a sí mismos (Mt. 7:21-22).
         a. Los ojos cerrados al vacío de su propia profesión.
         b. Una forma de piedad que no transforma la vida.
   B. *Por causa de la paciencia del Señor (v. 29).*
      1. El sobresalto de los siervos: ¿No sembraste buena semilla en tu campo?
         a. Indica verdadera sorpresa y perplejidad.
         b. ¿Acaso no habían llegado a conocer al Señor?
      2. El deseo entusiasta por la pureza de la iglesia.
      3. El agricultor tierno y cuidadoso, y el trigo.
      4. Dios es muy paciente con nosotros.
   C. *Porque el día de la cosecha aún no ha llegado (v. 30).*
      1. La verdad de que el mal no será superado hasta que Dios no intervenga.
      2. Los hipócritas siguen adelante y quizá prosperan hasta el tiempo de la cosecha.

3. ¿Qué se entiende por cosecha? (Ap. 14:14-20; 19:11-20).
   a. Mire más allá del rapto, la tribulación, Armagedón.
   b. El fin del mundo y el reino del Padre.
4. Observe la cizaña en la cosecha.
   a. La apariencia del bien no marca ninguna diferencia eterna.
   b. La asociación con el bien no hace diferencia.
   c. El lloro y el crujir de dientes.

III. Conclusión

A. ¿Qué indica la hipocresía en la iglesia?
1. Indica la verdad de la Biblia.
2. Indica la cosecha.

B. ¿Qué debemos hacer nosotros?
1. Examinarnos a nosotros mismos para ver si estamos en la fe.
2. Estudiar el evangelio y procurar su aplicación.
3. Disipar la oscuridad mediante la Palabra de Dios.

CORAZONES PREPARADOS

2 Crónicas 20:33

I. Introducción

A. La presentación de un rey (Josafat).

1. Una declaración alentadora: "Haciendo lo recto ante los ojos de Jehová" (v. 32).
2. El avivamiento bajo Josafat.
   a. Enseñaron la Palabra de Dios al pueblo.
   b. Destruyeron las imágenes y la idolatría.

B. La batalla que se ganó con cantos de alabanza.

C. El contraste entre el rey y su pueblo.

1. El rey había dispuesto su corazón para buscar a Dios (2 Cr. 19:3).
2. Los israelitas no tenían preparados sus corazones (2 Cr. 20:33).

II. Cuerpo

A. Los corazones preparados son corazones sensibles (2 Cr. 19:9).

1. Observe el cuidado del rey en dar instrucciones.
2. Temor de Jehová.
3. La edad de corazones duros en madres, padres e hijos.
4. La casi ausencia de lágrimas.
5. El Hombre más fuerte y el versículo más corto (Jn. 11:35).
6. Familiaridad (He. 3:13; Mr. 6:4, 52).

B. Los corazones preparados son corazones que buscan (2 Cr. 20:3).

1. La oración de Josafat: se propuso buscar al Señor.
2. Buscó encontrar la paz con Dios.
3. Buscó experimentar el poder de Dios en la batalla.
4. Procuró caminar más cerca de Dios (Fil. 3:13).
5. Se esforzó por escuchar un mensaje de parte de Dios (Lc. 24:5).

C. Los corazones preparados son corazones entregados a Dios (2 Cr. 20).

1. La extraña fórmula para la batalla (v. 21).
2. La entrega completa genera un espíritu de alabanza (v. 21).
3. La rendición total trae la victoria (v. 24).
4. La entrega completa trae una rica recompensa (v. 25).
5. La entrega total trae alegría y regocijo (v. 27).
6. La entrega total afecta a otros (v. 29).

III. Conclusión

A. *¿Ha estado Dios preparando su corazón?*
   1. Resultado del pecado: familiaridad y negligencia.
   2. Por medio de las circunstancias.

B. *Busque a Dios y entréguese a su voluntad.*
   1. Aplicación para los no salvos.
   2. Aplicación para el cristiano.

PROBLEMAS EN EL FUTURO

Job 38:22-23

I. Introducción

A. Introducción a Job.

1. ¿El libro más antiguo? El hombre justo.
2. Prosperó en familia, dinero y propiedades.

B. Job y su tiempo de problemas.

1. Quedó privado de sus propiedades; perdió a su familia.
2. Perdió la salud; palabras deprimentes de parte de su esposa.

C. Dios y su palabra a Job en medio de las cenizas.

II. Cuerpo

A. Lo que es finito no tiene un estándar para guiar su vida.

1. Por *finito*, nos referimos a todo lo que tiene que ver con la sabiduría del hombre. El hombre es finito; Dios es infinito.
2. La escena es la respuesta de Dios a la intención del hombre de averiguar acerca de los problemas de Job.
3. Los amigos de Job y su consuelo (Job 2:11-12).
   a. Job 4:8-9; 5:17; 8:1-4; 11:3; 12:1-12.
   b. Soluciones que parecen muy buenas pero son falsas.
4. La instrucción filosófica, incluso sobre la naturaleza de Dios, será errónea a menos que esté por completo basada en la Palabra de Dios.
5. El peligro de predicar sobre las palabras de los amigos de Job.
6. En contraste: Dios es infinito.

B. El futuro no guarda secretos para Dios.

1. El libro más antiguo predice el futuro.
2. Más indicios científicos que en toda la literatura no inspirada.
3. Las incertidumbres del futuro.
   a. La fecha de su vida o muerte.
   b. El futuro de los gobiernos.
4. Tenemos aquí una profecía emocionante: el granizo; el tiempo de problemas (Ap. 16:21).

C. Las fortunas de la tierra no te ofrecen seguridad que garanticen la bendición.

1. ¿Cuánto tiene usted? ¿De qué le aprovechará al hombre…?
2. ¿Cuánto tiene en el banco? Puede cerrar mañana.

3. ¿Cuán fuerte se siente? Una enfermedad temida podría deteriorar incluso hoy su cuerpo.
4. ¿Qué ve en cuanto a usted? Todo puede venirse abajo.
5. Tribulación, guerra y destrucción.

III. Conclusión

A. *¿Qué puede entonces hacer el hombre?*
1. Dispóngase a conocer al Dios que conoce el futuro.
2. Job 42:1-5: la fe brota como nunca antes.
3. Ninguna religión de segunda mano le va a satisfacer en las dificultades.

B. *Propóngase conocer hoy a Dios por medio de Jesucristo.*

LA DIESTRA DE DIOS

Efesios 1:17-23

I. **Introducción**
   A. *Un ministerio descuidado.*
      1. El nacimiento, la muerte y la resurrección.
      2. El Señor resucitado y vivo.
   B. *La escena de la ascensión.*
      1. El deseo de los discípulos por el reino.
      2. La venida del Consolador.
      3. La escena celestial.
   C. *A la diestra del Padre.*

II. **Cuerpo**
   A. *El lugar de autoridad (vv. 20-23).*
      1. El gran contraste con la experiencia terrenal.
      2. Los hombres le escupieron, pero los ángeles cantan sus alabanzas.
      3. Los hombres le persiguieron, pero el cielo le alaba.
      4. La tierra le rechazó, pero el cielo se regocija por causa del Él.
      5. El Salvador en autoridad y nosotros.
         a. El curso de este mundo.
         b. Nosotros estamos en el lado ganador.
   B. *El lugar del cumplimiento (He. 10:12).*
      1. La obra en la cruz fue completada: "Consumado es".
      2. El pecado es derrotado: Jesús fue tentado en todo, pero Él fue sin pecado.
      3. Satanás fue derrotado: Jesucristo vino a destruir las obras del diablo.
      4. La muerte quedó derrotada (1 Co. 15:51).
      5. Las primicias del cielo (1 Co. 15:20-23).
      6. El pecador en lugares celestiales (Ef. 2:6-9).
   C. *El lugar del Abogado Defensor (1 Jn. 2:1).*
      1. Cuánto necesitamos un abogado como Él.
      2. Pedro: somos guardados por el poder de Dios.
      3. Pablo: somos salvos por su vida (Ro. 5:10).
      4. El Mediador perfecto para los santos (Hch. 7:55-56).

III. Conclusión

A. La aplicación al pecador.

1. La salvación está lograda y consumada para usted.
2. Un Salvador viviente para guardarle hasta el final.

B. La aplicación para el santo.

1. Para el que va vagando: acuda a su Abogado Defensor.
2. Para el atribulado: descanse y confíe en su obra por usted.

ELLA HA HECHO LO QUE PODÍA

Marcos 14:8

I. Introducción

A. Días difíciles para el Salvador.

1. Ellos conspiraron para matarle (Mr. 14:1).
2. Las críticas y los enemigos tenían que ver con Él.

B. La comida en la casa de Simón el leproso (Mr. 14:3).

1. La mujer con el frasco de ungüento precioso.
2. La reacción de los que estaban presentes.
3. La respuesta de Jesús.

II. Cuerpo

A. Ella hizo lo que pudo con lo que tenía.

1. Algunos piensan en lo que ellos harían.
2. Algunos se quejan de lo que otros no hacen.
3. Ella hizo lo que pudo con lo que tenía (dé ejemplos de personas que han hecho lo que pudieron con lo que tenían: enviando cartas y tarjetas de ánimo, oraciones, etc.).

B. Ella hizo lo que pudo mientras pudo.

1. Algunos siempre van a hacer algo algún día.
2. Algunos son excelentes en ser "personas de mañana".
3. Algunos creen en el ayer.
4. Algunos siempre están esperando por el momento oportuno.

C. Ella hizo lo que pudo sin importarle las críticas.

1. Siempre habrá quienes se quejen.
2. Algunos se especializan en buscar faltas.

D. Ella hizo lo que pudo por Jesús.

1. Sus motivos eran correctos.
2. ¿Cuál es su motivo para el servicio cristiano?
3. Las recompensas vienen por los motivos correctos.

III. Conclusión

A. Una gran declaración de vida: "Esta ha hecho lo que podía".

B. ¿Qué hará usted con lo que tiene?

EL JUICIO DE DIOS

Romanos 2

I. Introducción

A. La realidad del pecado.

1. Una introducción para la predicación sobre Romanos 3.
2. Dios busca hacernos conscientes de nuestro mayor problema.
   a. Por medio de la enfermedad.
   b. Mediante la pobreza.
   c. A través de la destrucción.
3. Nuestros esfuerzos por seguridad y esfuerzos por salvación.

B. Los efectos del pecado.

1. Social y espiritualmente (Ro. 1).
2. El juicio que viene está a la vista (Ro. 2:5-16).
3. No solo hay consecuencias aquí, sino en el más allá (Ap. 20).

II. Cuerpo

A. El juicio de Dios se basa en la verdad (v. 2).

1. Esto es tal vez lo más difícil de aplicar cuando se juzga.
2. Al juzgar a seres queridos, con frecuencia somos parciales.
   a. Permitimos que nuestros corazones gobiernen nuestras cabezas.
   b. Manipulamos la verdad debido a quién está involucrado.
3. Al juzgarnos a nosotros mismos, a menudo estamos ciegos (v. 1).
   a. Efesios 5:29: "Porque nadie aborreció jamás a su propia carne".
   b. El orgullo distorsiona la imagen.

B. El juicio de Dios es conforme a la ira acumulada (v. 5).

1. El privilegio de acumular tesoros en los cielos.
2. El pensamiento aterrador de acumular ira.
   a. Al menospreciar las riquezas de la bondad de Dios.
   b. Al rechazar los llamamientos de Dios al arrepentimiento.
3. No ganamos nada con ese constante rechazo.
   a. Considere Jerusalén.
   b. Piense en Félix.

C. El juicio de Dios es según las obras (v. 6).
1. No es salvación por obras (Ef. 2:8-9).
2. Dios es justo hasta el más mínimo detalle.
   a. Ap. 20:12: según las obras.
   b. Lucas 10:13-14: será más tolerable para Tiro y Sidón.
3. Grados de castigo, no duración del castigo.
4. No lo malinterprete; nadie será salvo sino por medio de Cristo Jesús.

D. El juicio de Dios es de acuerdo con una completa imparcialidad.
1. Qué gran problema es esto en la práctica diaria.
2. Santiago 2:1-6: a veces también es problema en la iglesia.
3. Si usted conoce a la persona que más conviene.
4. Si usted tiene el título correcto.

E. El juicio de Dios es de acuerdo con todos los hechos (v. 16).
1. Dios juzgará los secretos de los hombres.
2. El corazón del hombre es perverso.
   a. Crímenes en la oscuridad de la noche.
   b. Secretos de pensamiento e intención; codicia.

III. Conclusión

A. Resumen y aplicación.

B. Cómo escapar del juicio final de Dios (Jn. 5:24; Ro. 8:1).

ONESÍFORO, EL AMIGO DE PABLO

2 Timoteo 1:16-18

I. Introducción

A. *Conozcamos a Onesíforo.*
   1. Un creyente de Éfeso.
   2. Había sido fiel en la obra de Dios allí.
   3. Cuando fue a Roma, buscó a Pablo; puede que estuviera en un viaje de negocios.

B. *Onesíforo: ¿vivo o muerto?*
   1. "Tenga el Señor misericordia de la casa de Onesíforo…".
      a. Un mensaje para su familia y para ellos.
      b. Algunos piensan que eso significa que él había muerto.
      c. Vea también 2 Timoteo 4:19.
   2. ¿Estaba muerto o encarcelado?
      a. ¿Murió por causas naturales?
      b. ¿Murió en una tormenta en el mar durante su regreso a casa?
      c. ¿Estaba esperando ser sentenciado por haberse atrevido a identificarse con Pablo?

II. Cuerpo

A. *Dejó sus propios asuntos por buscar y visitar a Pablo (v. 17).*
   1. El orden de los eventos se ve mejor si notamos esto primero.
   2. "Me buscó solícitamente y me halló".
   3. ¿Por qué era difícil encontrar a Pablo?
      a. Tal vez lo movieron a distintos lugares en la prisión.
      b. Quizá otros cristianos temieron dar esa información.
   4. Salir de nuestra rutina o interés para acercarnos a otros.
   5. Salirnos de lo nuestro para ministrar a otros creyentes en problemas.

B. *Él visitó a Pablo varias veces (v. 16).*
   1. "Muchas veces me confortó".
   2. Su interés por Pablo no era pasajero, no era solo como un deber.
   3. Él animó a Pablo.
      a. Tal vez físicamente.
      b. Quizá socialmente con noticias sobre Éfeso, Timoteo y otros, y el progreso de la obra allí.

c. Puede que espiritualmente, tal vez orando por él y con él, hablando sobre las Escrituras y otros libros.

4. Vea Mateo 25:34-40.

C. No se avergonzaba de las cadenas de Pablo (v. 16).

1. No estaba avergonzado de que lo identificaran con Pablo.
   a. Onesíforo no se avergonzaba de ser cristiano.
   b. Tampoco se avergonzaba de visitar a Pablo en la prisión.
2. Pablo llamó a sus cadenas las "ataduras de Cristo".
3. Hay muchas clases de cadenas.
4. Las cadenas de una persona pueden disminuir su círculo de amigos.
   a. La cadena de la pobreza.
   b. La cadena de la impopularidad.
   c. La cadena de pecados pasados.
   d. La cadena de fracasos pasados.

III. Conclusión

A. ¡Qué buen amigo!

B. ¡Qué Dios nos haga amigos que ministran a otros!

LA ARMADURA DE DIOS

Efesios 6:10-18

I. Introducción

A. El mandato de permanecer firmes.

1. Permanecer firmes contra los engaños del diablo.
2. Permanecer firmes en la fe.
3. Mantenerse firmes en un espíritu y una mente.

B. Pero no podemos mantenernos por nuestros propios medios.

1. El enemigo es muy feroz y fuerte.
2. Por tanto, está a nuestra disposición la armadura de Dios para nuestra defensa.

II. Cuerpo

A. El cinturón de la verdad.

1. Hablemos de vestiduras: túnicas largas y amplias para hombres y mujeres.
   a. Eran bonitas, pero entorpecían los movimientos al andar.
   b. Fácil de enredarse cuando la persona se movía con rapidez.
   c. Dificultaban los viajes y eran un problema en las batallas.
2. El cinturón, o fajín, ceñía y sujetaba la túnica.
   a. Los israelitas en la primera Pascua (Éx. 12:11).
   b. Elías se sujetó el manto con el cinturón para correr delante de Acab en la lluvia (1 R. 18:46).
   c. La faja militar de cuero y metal protegía la parte inferior del cuerpo.
3. El cinturón de la verdad.
   a. La deshonestidad nos enreda.
   b. Pablo pide completa honestidad.
      (1) Con nosotros mismos.
      (2) Con otros.
4. Lo opuesto es hipocresía.

B. La coraza de justicia (v. 14).

1. Pablo observó la armadura de los soldados romanos cuando pasaban delante de él.
   a. La coraza era una cota de malla que protegía el cuerpo desde el cuello hasta las caderas.
   b. Las primeras fueron de piel dura; después de metal.

2. La coraza protegía el corazón.
3. La primera mención en la Biblia fue el pectoral que usaba el sumo sacerdote en el día de la Expiación.
4. La profecía de Jesús en Isaías 59:17.
5. Dos tipos de justicia.
   a. Imputada: el resultado de la fe (2 Co. 5:21).
   b. Práctica: hacer lo que es recto, buenas obras.
6. Porque es lo correcto.

C. *Calzados los pies con la preparación del evangelio de la paz (v. 15).*

1. Los soldados romanos y su calzado.
2. El calzado habla de estar bien asentado y establecido.
3. También habla de estar en movimiento y de progresar.
4. La preparación del evangelio de la paz.
   a. Conocer y comprender los conceptos básicos del evangelio.
   b. El evangelio de la paz para muchos corazones atribulados.
5. Preparación, alcance, visitación, en movimiento.

D. *El escudo de la fe (v. 16).*

1. "Sobre todo, tomad el escudo de la fe" (16).
2. Las palabras "sobre todo" pueden significar "que lo cubre todo".
   a. Cubrir todas las áreas: dos clases de escudo.
   b. Totalmente armado y protegido.
3. La confianza total neutraliza los dardos ardientes de los malvados.
   a. Los dardos del orgullo, el miedo, la lujuria y la ansiedad.
   b. La fe nos protege de todos los dardos.

E. *El yelmo de la salvación (v. 17).*

1. Esto habla de la seguridad de la salvación.
2. Yo sé en quién he creído.
3. D. L. Moody dijo que él nunca conoció a nadie que fuera eficaz en el servicio a Cristo si no tenía la seguridad de la salvación.
4. Si usted no sabe si es salvo, resuélvalo hoy mismo.

F. La espada del Espíritu (v. 17).
1. La Palabra de Dios: la única arma ofensiva.
2. Solo hay un arma para el cristiano.
    a. Esta arma es la Biblia.
    b. Necesitamos su dominio para ser un ganador.
3. Piense en la manera en que Jesús venció las tentaciones (Mt. 4:1-11).
4. ¿Qué le parece una renovada dedicación a la Palabra de Dios?

III. Conclusión

A. "Orando en todo tiempo".
1. La respiración del cristiano es absolutamente vital.
2. Es la comunicación con el Capitán.

B. El cristiano invencible.
1. Se mantiene firme ante cualquier ataque.
2. Va protegido con toda la armadura de Dios.

MOISÉS: LA FE EN ACCIÓN

Hebreos 11:23-29

I. Introducción

A. El capítulo de la fe.

1. El desfile de los grandes hombres y mujeres de Dios.
2. "Es, pues, la fe la certeza de lo que se espera, la convicción de lo que no se ve".

B. Moisés: en sus luchas fue como somos la mayoría de nosotros.

1. No muchos fueron llamados a construir un arca (Noé).
2. Usted no tendrá que esconder espías en su tejado (Rahab).
3. Dios no va a comenzar una nación con usted (Abraham).
4. Pero las elecciones hechas por Moisés son muy reales para todos nosotros.

II. Cuerpo

A. Lo que la fe de Moisés le llevó a renunciar.

1. La fe de sus padres (v. 23).
2. La fe de Moisés: "Hecho ya grande".
   a. El testimonio fiel de la madre de Moisés.
   b. Moisés llegó al momento de decidir por sí mismo.
      (1) "Hecho ya grande" es similar a "Entonces Pedro, volviendo en sí" (Hch. 12:11).
      (2) No podemos depender de la fe de nuestros padres.
3. Esa decisión le llevó a renunciar a una posición.
   a. Él rehusó ser llamado hijo de la hija de faraón.
   b. Rango, poder, honor, títulos.
   c. Cosas por las que las personas trabajan toda la vida para lograrlo; posición.
4. Esa decisión le llevó a renunciar a ciertos placeres.
   a. Había poco que Moisés no hubiera podido tener en Egipto.
   b. La filosofía de vivir para el momento.
5. Esta decisión le llevó a rechazar ciertos tesoros.
   a. Los grandes tesoros de Egipto.
   b. Algo para lo cual viven algunas personas.

B. Lo que la fe de Moisés le llevó a elegir.

1. Él eligió ser identificado con un pueblo despreciado.
   a. Los israelitas: posición legítima, José, Gosén.
   b. Ahora son esclavos: despreciados y abusados.

c. Algunos no acuden a Cristo porque no quieren ser identificados como cristianos.
d. Usted incluso puede sentirse extraño asistiendo a este culto de adoración a Dios.

2. Él eligió el vituperio de Cristo.
   a. Qué extraña declaración acerca de alguien que vivió 1.500 años antes de Cristo.
   b. Pero ellos miraban al futuro esperando su llegada.
   c. Moisés se identificó a sí mismo con la venida del Mesías.
3. Muchos huyen hoy de ese vituperio.
   a. Con cuanta ligereza usan hoy su nombre de forma profana.
   b. Él murió públicamente en la cruz por usted, ¿y usted no manifestará abiertamente su fe en Cristo, bajará a las aguas del bautismo y dará testimonio de Él?
4. La fe de Moisés le llevó a tomar una decisión.

C. Lo que la fe de Moisés le hizo ver.

1. Él vio una recompensa más allá de esta vida.
   a. Valoraba y sentía respeto por esa recompensa.
   b. "¿Qué aprovechará al hombre, si ganare todo el mundo…?" (Mt. 16:26).
   c. ¡Cuánta razón tuvo! Al final, Egipto terminó en ruinas, pero Moisés sigue vivo.
2. Él vio al Señor (v. 27).
   a. Él vio a Aquel que es invisible.
   b. Pedro: "A quien amáis sin haberle visto" (1 P. 1:8).
   c. Moisés iba a necesitar mucho esa presencia en el futuro.
   d. El Invisible le guio y estuvo con él desde el principio hasta el final.

III. Conclusión

A. ¿Ha llegado usted a ese momento de "hecho ya grande"?

B. ¿A qué le ha llevado su fe a renunciar y elegir?

LAS COSAS ACABAN DE COMENZAR

Filipenses 1:6

I. Introducción

A. El libro de Filipenses.

1. Un libro de paz (Fil. 4:7).
2. Cristo proporciona fortaleza (Fil. 4:13).
3. Pablo miraba hacia adelante; miraba hacia arriba (comparar: Fil. 2:4 con 2:21).

B. Introducción al libro.

1. Fue escrito unos diez años después de la primera visita de Pablo.
2. Desde la celda de una prisión con la sombra de la muerte cerniéndose sobre él.
3. Filipos: la ciudad principal de Macedonia, nombrada así en honor del rey Filipo, padre de Alejandro Magno.
4. Tierra fértil, con minas de oro y plata, en la ruta hacia Asia.

II. Cuerpo

A. Dios ha comenzado una obra (v. 6).

1. La mente de Pablo se remonta a aquellos primeros días.
2. Los sucesos que encontramos en Hechos 16.
   a. El llamado durante la noche en Troas.
   b. La conversión de Lidia: mujer buena y religiosa, pero perdida, su familia.
   c. La expulsión del demonio de la esclava con espíritu de adivinación.
   d. El carcelero filipense, su familia, su bautismo.
3. Sí, Dios había empezado una buena obra —en el Calvario— en conversiones.

B. Dios está realizando una buena obra hoy (v. 6).

1. Mientras Pablo estaba en la cárcel.
2. Incluso si Pablo perdía su vida.
3. Dios está obrando hoy.

C. Dios llevará a cabo su obra hasta su perfección (v. 6).

1. La definición de la obra de Dios: convencido.
2. El grado de la obra de Dios: bueno.
3. La duración de la obra de Dios: hasta el día de Jesucristo.
4. El día de Jesucristo: el día de las recompensas.

III. Conclusión

A. La perspectiva de Pablo.

1. La mirada en retrospectiva (v. 3).
2. La mirada en el presente (vv. 4-5).
3. La mirada hacia arriba.

B. ¡Las cosas acaban de comenzar! Que Dios nos lo conceda. ¡Amén!

LA PAGA DEL PECADO

Romanos 6:23

I. **Introducción**
   A. *Frases más utilizadas para guiar al inconverso.*
      1. La paga del pecado es muerte.
      2. Prepárese para encontrarse con Dios.
   B. *Los contrastes de este versículo.*
      1. Muerte y vida eterna.
      2. El pecado y el que fue sin pecado.
      3. Paga y dádiva.

II. **Cuerpo**
   A. *La paga del pecado.*
      1. "La paga del pecado es muerte".
         a. El pecado acelera la muerte física.
         b. El pecado nos mantiene en la muerte espiritual.
         c. El resultado del pecado es la segunda muerte.
      2. El tema es de interés universal.
         a. Salarios, contratos, demandas, subidas, deducciones.
         b. Leyes de salario mínimo; salarios y el costo de vida.
      3. El término "salario" indica servicio para alguien o por algo.
         a. Romanos 6:16: servir al pecado y a Satanás.
         b. Qué horrible empresario.
      4. Pecado y salarios indican trabajo, tareas penosas y pesadas.
         a. Pecado el trabajo, Satanás el empleador: pobreza del alma, sin futuro, desánimo.
         b. El mundo generalmente piensa del pecado como libertad.
         c. "El camino de los transgresores es duro" (Pr. 13:15).
      5. Muerte.
         a. Muerte espiritual (Gn. 2:17).
         b. Muerte física (Ro. 5:12).
         c. La segunda muerte (Ap. 20:12-15): separación.
   B. *El regalo maravilloso de Dios.*
      1. "La dádiva de Dios es vida eterna".
      2. El contraste de la elección de Dios aparece aquí ante una imagen oscura.
      3. Esta es la presentación usual del pecador en este punto.

4. Dios es el gran dador (esta es una de las palabras más usadas).
   a. Desde el principio es el dador de la vida; dio vida a Adán.
   b. Lluvia, sol y las bellezas de la naturaleza.
   c. Mateo 11:28; Juan 1:12; 3:16.
   d. El canto de Annie Johnson Flint: "Él me dio más gracia".
5. La dádiva de la vida eterna.
   a. Deja como mentiras todos los sistemas de salvación por obras.
   b. Efesios 2:8-9: no por obras sino que es un regalo de Dios.
   c. Unidos eternamente con Dios (1 Jn. 5:11).
6. Eterna: comienza cuando usted lo obtiene y nunca puede terminar.

C. La manera de recibir la dádiva de Dios.

1. "En Cristo Jesús Señor nuestro".
2. 1 Juan 5:11-13: esta vida está en su Hijo.

III. Conclusión

A. El contraste para concluir.

B. Tenga a Cristo y tendrá vida.

ALGUNAS COSAS PARA RECORDAR

Isaías 6

I. **Introducción**

A. *Mirando en retrospectiva.*

1. La satisfacción de ver buena asistencia.
2. La satisfacción de ver almas que se salvan.
3. La satisfacción de ver la cantidad de personas que ahora sirven al Señor.

B. *Olvidando lo que queda atrás.*

1. Luego de contemplar el pasado, alabemos a Dios y sigamos adelante.
2. Lo que sea que Dios haya hecho todo sea para su gloria.

C. *Algunas cosas para recordar.*

II. **Cuerpo**

A. *Recuerde el carácter santo de nuestro Dios (vv. 1-4).*

1. En el año que murió el rey Uzías.
   a. Uzías fue un rey grande y poderoso.
   b. Cuando Uzías murió, Isaías vio al Señor.
2. ¿Cómo es Dios?
   a. Para algunos, Él es solo un Ser supremo que está en alguna parte.
   b. Para algunos es como un abuelo paciente e indulgente.
   c. Para otros, Él es la fuerza que lo comenzó todo y luego lo dejó.
3. Pero Isaías encontró que Él es el Dios tres veces Santo.
   a. La Trinidad tres veces santa.
   b. El pecado en el huerto no pudo ser excusado.
   c. A la gente del tiempo de Noé no se le podía permitir seguir viviendo.
   d. Las ciudades de Sodoma y Gomorra tuvieron que ser destruidas.
   e. Moisés tuvo que quitarse sus sandalias ante la zarza que ardía.
   f. El Sinaí y los límites para proteger al pueblo.
4. La cruz en el Calvario: el lugar donde la santidad y el amor se encuentran.

B. *Recuerde mantener una conciencia cristiana sensible (v. 5).*

1. "Entonces dije: ¡Ay de mí! que soy muerto".

2. Cuando Isaías se vio a sí mismo medido por la vara de Dios.
    a. Abraham: soy polvo y ceniza.
    b. Job: yo soy vil.
    c. Pablo: soy el más pequeño de todos los santos.
    d. Pedro: Apártate de mí porque soy hombre pecador.
3. Pablo dijo que en los últimos días los hombres tendrán cauterizada y corrompida su conciencia.
    a. La moralidad pasada de moda en oposición a la nueva moralidad.
    b. La honestidad pasada de moda en oposición a la que es ventajosa.
    c. Se usa el sexo para venderlo todo, desde la ropas hasta las bebidas.
4. Pero el cristiano debe mantener una conciencia sensible.
    a. Cuando escucha la primera palabra de maldición.
    b. Cuando lee la primera línea cuestionable en un libro.
    c. Cuando aparece el primer pensamiento de lujuria en su corazón.
    d. Cuando pasa la primera palabra de chismes por sus labios.
    e. Cuando tiene en su mano la primera moneda deshonesta.
5. Al primer grito de la conciencia, vaya al lugar de la confesión y la purificación.

C. Recuerde escuchar la voz de Dios (v. 9).

III. Conclusión

A. Él puede estar llamándole para servirlo en la cosecha.

B. Él ha llamado a muchos de entre nosotros; usted puede ser el siguiente.

EL DISCÍPULO QUE SE SEPARÓ

Hechos 13:13

I. Introducción

A. *Tras los pasos de los primeros misioneros.*
  1. Desde Antioquía a Chipre: predicaron en las sinagogas.
  2. El relato misionero más emocionante: misiones pioneras.

B. *Desde Pafos a Perge en Panfilia.*
  1. El regocijo del gobernador.
  2. Los 272 km hasta Perge: la preparación.
  3. El mayor problema que enfrentaron en Perge.

C. *El discípulo que se apartó: difícil seguir adelante.*

II. Cuerpo

A. *El cristiano debe darse cuenta de que hay montañas que cruzar.*
  1. Marcos y su primer impulso al servicio misionero.
  2. Lo que sabemos de Marcos por Hechos 12:12: hijo de una mujer rica.
  3. H. A. Ironside: "Ese no es siempre el mejor comienzo en la vida: ¡nacer con una cuchara de plata en tu boca!".
     a. La tragedia de muchos jóvenes de hoy.
     b. El error: no tendrá que trabajar como yo.
  4. Cruzar montañas.
     a. Moisés: tiene que enfrentar al faraón para liberar a Israel.
     b. David: debe enfrentar a Goliat para defender a Israel.
     c. Las montañas de hoy: ridículo, estrés financiero, abandono familiar, sufrimiento físico.

B. *El cristiano no debe apartarse de cruzar las montañas de la vida para no dañar su servicio a Cristo (Hch. 15:37).*
  1. El deseo de Marcos por el servicio misionero.
  2. El mundo huye de sus problemas.
     a. La persona que se dedica a la bebida.
     b. La boca descontrolada que maldice.
     c. El hombre o la mujer infiel.
     d. El mentiroso.
     e. La persona joven que se junta con grupos mundanos.
     f. El que es esclavo del entretenimiento.
  3. Ejemplos bíblicos.
     a. El deseo de Israel de regresar a Egipto.
     b. La negación de Pedro en el juicio de Jesús.

4. Los problemas nunca se resuelven totalmente huyendo de ellos.
5. Los grandes hombres enfrentaron problemas, como Daniel y sus amigos.

C. El cristiano debe renovarse mirando a Jesús.

1. La diferencia en el problema para el cristiano y el mundo.
2. Segunda Corintios 12:7-10: Pablo encontró fortaleza para enfrentar montañas.
3. ¿Qué pasó con Marcos?
    a. Escribió su Evangelio durante esos años.
    b. Vio a Cristo enfrentar los problemas y vencer (Mr. 1:12-13; 4:35-41; 14:22-46; 15:15-28).
4. Se convirtió en un siervo útil y eficaz mirando a Jesús.

III. Conclusión

A. Qué hacer con las montañas.

1. Enfréntelas: conquístelas con Cristo.
2. No huya de sus problemas hoy.

B. ¿Quién tiene problemas para enfrentar?

PEDRO LIBERADO DE LA CÁRCEL

Hechos 12

I. Introducción

A. Pedro, Jacobo y Juan.

1. Estos tres discípulos quedaron vinculados para siempre con Jesús.
2. Las experiencias íntimas.
    a. El monte de la transfiguración.
    b. La casa de Jairo.
    c. El huerto de Getsemaní.

B. Jacobo, muerto; Pedro, encarcelado.

1. El pueblo, complacido; Herodes, popular; los políticos.
2. Pedro se enfrenta a la muerte.
3. La iglesia ora y Pedro es liberado.

C. La parábola del peligro de Pedro y la respuesta a la oración de la iglesia.

II. Cuerpo

A. Pedro en la cárcel (vv. 5-6).

1. El hombre no creyente está dormido.
    a. Está dormido a los peligros que tiene por delante.
    b. Está a menudo dormido a las cadenas que lo sujetan.
    c. No está preocupado por el juicio que le espera
2. El hombre no creyente está en manos del enemigo.
    a. Dios tiene una gran obra para que Pedro la haga, pero Pedro está encadenado.
    b. Dios tiene un gran llamado para cada hombre; ¿está usted encadenado?
    c. El hombre no salvo nunca puede darse cuenta de lo que Dios tiene para él mientras está en poder de Satanás.
3. El hombre no creyente está encadenado por el pecado.
    a. La cadena del yo.
    b. La cadena de Satanás.

B. La iglesia que ora (v. 5).

1. Da buen testimonio ser una iglesia que ora.
2. La iglesia y la familia que oran juntos permanecen juntos.
3. No hay suficiente dinero para pagar las cuentas, construir el edificio, cortar el césped.

   a. La iglesia que quiera influir en su zona para Dios debe orar.
   b. Los miembros que quieren servir a Dios deben orar.
   c. Es imposible edificar una gran iglesia ganadora de almas sin tener mucha oración.
4. En nuestros días sería típico enviar una delegación para influir sobre Herodes y tomar resoluciones, pero la iglesia primitiva oraba.
5. Note el resultado de sus oraciones.
   a. El ángel del Señor —el Espíritu Santo— se presentó ante Pedro.
   b. La luz iluminó la prisión: la Palabra de Dios.
   c. El ángel le tocó en el costado: despierta ya.
   d. El mensajero de Dios le habló.
   e. Las cadenas se le cayeron.

C. La liberación de Pedro (vv. 7-11).

1. Átate las sandalias: camina como un hombre libre.
2. Sígueme: sigue las instrucciones de Dios.
3. Pedro pensó que aquello era demasiado bueno para ser verdad.
4. Cruzó la puerta de salida; mañana eso habría significado la muerte.
5. Seguridad: "Ahora entiendo verdaderamente...".
6. Buscando una iglesia que ora.

III. Conclusión

A. Sorprendió a los santos.

B. La iglesia que ora se abre a recibir sorpresas milagrosas.

LA IGLESIA EN ACCIÓN

Hechos 3:1-11

I. Introducción

A. La asociación de Cristo con el sufrimiento del mundo.

1. No es extraño que sus discípulos estuvieran también interesados.
2. La mujer enferma por treinta y ocho años; el ciego Bartimeo; el paralítico.

B. El patrón de la práctica del Nuevo Testamento.

1. Oración.
2. Predicación.
3. Práctica.

C. El escenario y la escena.

1. La hora de la oración: las 3:00 de la tarde.
2. Lo innecesario quedó sacrificado en el templo ese día.
3. La aplicación espiritual de la escena en el templo.

II. Cuerpo

A. El mendigo en necesidad (vv. 1-3).

1. Cojo de nacimiento (Sal. 58:1-3; Ro. 3:23).
2. Especulación sobre la duración de su enfermedad.
3. Otros le llevaban a diario hasta la puerta del templo.
4. Muchos viven de las limosnas del mundo.
5. La idea equivocada de su necesidad.
6. La solicitud y la respuesta del mendigo.

B. Los siervos de Dios en acción (vv. 4-7).

1. La mirada de compasión y no de desprecio.
2. La invitación de Pedro: "Míranos".
3. Nuestra responsabilidad es tener compasión de todas las personas.
4. "No tengo plata ni oro, pero lo que tengo te doy". ¿Es ese su testimonio?

C. El mundo quedó maravillado (vv. 8-11).

1. Pasó de cojo a saltar.
2. De triste a cantar; de limosnas a aleluyas.
3. El mundo no puede evitar darse cuenta (v. 9).
4. Toda persona que está en Cristo es una nueva criatura.
5. El nuevo camino de fe.

III. Conclusión

A. Pedro aprovechó bien la oportunidad (vv. 12-26).

B. Aplicación y llamamiento.

¿MIEDO A QUÉ?

1 Pedro 5:7

I. Introducción

A. Un gran versículo para personas atribuladas.

1. Usted está incluido en este versículo.
2. Sus preocupaciones están en este versículo.
3. Jesucristo está en este versículo.

B. ¿Pero cuáles son los temores y preocupaciones que afligen a las personas?

C. ¿Qué hace que las personas tengan miedo de enfrentar la vida?

II. Cuerpo

A. Temores acerca de aquellos que amamos.

1. La prioridad de los padres amorosos: sus hijos.
   a. Verificar cómo están los bebés durante la noche.
   b. Velar por hijos con fiebre y fracturas.
   c. Esperar fuera de la unidad de cuidado intensivo.
2. Temores sobre esposos y esposas.
   a. Quizá usted teme la pérdida de su amor.
   b. Le preocupa la pérdida del empleo.
   c. Preocupación por la salud de su cónyuge.
3. Ejemplos de la Biblia.
   a. La curación de la hija de Jairo.
   b. María y Marta enviaron a buscar a Jesús por causa de Lázaro.
   c. La provisión de Jesús para su madre al pie de la cruz.

B. Temores con respecto a la salud.

1. Estos cuerpos son fuente de ansiedad; "formidables, maravillosas son tus obras".
2. El peligro de la hipocondría.
3. Para algunos, la contaminación es un temor constante.
   a. Sentimientos inusuales, señales de peligro.
   b. Publicidad sobre los síntomas.
   c. Contaminación debido a la tecnología.
   d. Exposición a artículos de internet y medios de comunicación.

C. Temores relacionados con la seguridad financiera.

1. La necesidad de tener dinero.

2. El peligro cuando el dinero nos tiene a nosotros; el amor al dinero es raíz de todos los males.
3. Dos cosas por las que nunca debe preocuparse: el clima y el dinero.
    a. Usted no puede cambiar el clima, pero cambiará.
    b. Aquellos con más dinero tienen más preocupaciones y depresión.
4. La inutilidad de acaparar oro en los últimos tiempos.

D. *Temor a las personas.*
1. "El temor del hombre pondrá lazo" (Pr. 29:25).
2. Hablar ante una multitud.
    a. Moisés se identificó con eso (Éx. 4).
    b. Los temores de Jeremías (Jer. 1).
3. El temor a la exposición pública ante las personas frena a muchos.
4. Ciertos trabajos están fuera de su alcance porque requieren relacionarse con gente.
5. El trabajo cristiano es pasado por alto por temor a las personas.

E. *El miedo al fracaso y al éxito.*
1. No están dispuestos a probar nada nuevo; tienen temor a la decepción.
2. No se atreven a invertir, no dispuestos a casarse; pero hay horizontes ilimitados.
3. Todo lo que no es de fe es pecado; mucho se pierde por causa de ese pecado.
4. Algunos temen tener éxito; inseguros de cómo manejar el éxito.

F. *El temor a la muerte, que implica el temor a la eternidad.*
1. Algunos temores son legítimos.
    a. La muerte nos llega a todos (He. 9:27).
    b. Todos debemos prepararnos para encontrarnos con Dios (Am. 4:12).
    c. Las prácticas de supervivencia sensatas deberían ser parte de la vida.
2. Algunos esperan la destrucción continuamente.
    a. Viven con un miedo constante de ser atacados.
    b. Miedo a viajar en automóvil, aviones, barcos, etc.

c. Parece como si la muerte los esperara al final de cada enfermedad.

3. Mediante Jesucristo podemos ser salvos y estar listos para la muerte y la eternidad.
4. No tenemos que estar temblando por causa del más allá.
   a. Algunos temen continuamente al pecado imperdonable.
   b. Algunos temen que no están de verdad salvados; arregle eso sin demora.
5. "Porque para mí el vivir es Cristo, y el morir es ganancia".

III. Conclusión

A. Deposite en Jesús sus preocupaciones.

B. Usted puede disfrutar de paz perfecta.

Epitafio:
Aquí yace un hombre que vivió hasta envejecer,
sin embargo, aun de la muerte volaba;
quien, aunque no enfermo, nunca estuvo bien,
y murió del miedo a morir.

DE LA MUERTE A LA VIDA

Juan 11:38-44

I. Introducción

A. El maravilloso capítulo 10 de Juan.

1. Qué gran trasfondo para el pasaje bíblico de hoy.
2. El incidente de la lapidación y la marcha de Jesús a otro lugar.
3. El éxito y el avivamiento allí.

B. La petición de ir y ayudar a Lázaro.

1. Jesús va a pesar del peligro.
2. La resurrección de Lázaro.

C. Una imagen de la salvación de cualquier pecador.

1. Muerto en pecado; a través de la salvación se obtiene la vida espiritual.
2. Observe la lección para nosotros.

II. Cuerpo

A. La responsabilidad de los discípulos de traer vida.

1. "Quitad la piedra".
2. ¿Por qué no solo mediante su gran poder?
   a. Él quiere usar a los suyos.
   b. La Gran Comisión no fue dada a los ángeles.
3. Las lápidas en las tumbas son interesantes, a veces humorísticas
   a. Lápidas con fechas y poemas.
   b. Con fotografías de los difuntos.
4. Simbólicamente, la piedra representa todo aquello que se interponga entre la persona perdida y Cristo.
   a. Temperamento.
   b. Lengua.
   c. Hábitos.
   d. Hipocresía.
   e. Chismes.
   f. Críticas.
   g. Incredulidad.

B. La resurrección fue por completo por el poder de Dios.

1. El gran milagro.
   a. Llevaba muerto cuatro días.
   b. Un logro imposible.

2. Los muertos en el pecado son vivificados mediante el poder de Cristo.
    a. Romanos 5:12-17.
    b. 1 Corintios 15:20-22.
3. Nosotros no podemos salvar a nadie por nosotros mismos.
4. Dé a conocer la Palabra y confíe en el Espíritu Santo para salvar.

C. La liberación de Lázaro fue hecha por los discípulos.

1. Vivo pero atado.
2. Mostraba señales de vida, pero todavía tenía la apariencia de la tumba.
3. Había que quitarle las prendas de la mortaja.
    a. Cara: los ojos contemplan la belleza del Señor.
    b. La boca para hablar por el Señor.
    c. Brazos para trabajar para el Señor.
    d. Pies para ir a donde el Señor envíe.

III. Conclusión

A. El regocijo.

B. La liberación de las almas.

DE LAS LÁGRIMAS AL TRIUNFO

Salmos 84

I. Introducción

A. Los salmos son personales.

1. Representan muchos estados de ánimo de la vida.
2. Alegría, desesperación, triunfo, lágrimas, pecado, perdón, adoración.

B. La fuente de la bendición.

1. Dios bendice al hombre.
2. Hoy, más sobre la bendición.
3. ¿Hay alguien aquí que no quiera la bendición de Dios?

II. Cuerpo

A. Bienaventurado aquel que habita en la casa de Dios.

1. El Antiguo Testamento: Dios se manifiesta en el templo.
   a. Allí se hacían los sacrificios de animales.
   b. Allí Dios enseñaría muchas lecciones acerca de Cristo.
   c. Dios da a conocer su presencia (2 Cr. 7).
2. El anhelo del salmista de estar allí en el templo.
   a. "Anhela mi alma…" (v. 2).
   b. Envidia a los gorriones porque podían quedarse allí.
3. En un sentido muy real, esto es verdad de las reuniones del pueblo de Dios.
   a. Todo aquel que alguna vez haya amado la reunión del pueblo de Dios, la echa especialmente de menos cuando ya no puede estar allí.
   b. Cuántos que ahora están en camas de aflicción quisieran estar allí.
4. Pero hay una verdad mayor.
   a. Jesús la empezó a enseñar en Juan 14:16-23.
   b. Esto comenzó en el día de Pentecostés.
   c. Pablo lo expresa con claridad (1 Co. 6:19-20).
5. Bienaventurado es, pues, todo aquel que está en constante comunión con Cristo.

B. "Bienaventurado el hombre que tiene en ti sus fuerzas" (v. 5).

1. Esa presencia permanente de Dios se convierte en una fuente de fortaleza.
   a. No solo paz, sino poder.
   b. No solo sentimiento, sino energía.

2. Cuántas veces nos falla nuestra fuerza humana.
   a. Justo cuando pensamos que ya lo tenemos todo hecho, el diablo nos hace conscientes de nuestra flaqueza.
   b. Dios nos permite ver cuán débiles somos sin Él.
3. La debilidad espiritual es la mayor de todas las debilidades.
   a. Nos lleva a la tentación de pecar.
   b. Nos lleva a la tentación de dudar, de fruncir el ceño, refunfuñar, resentimiento.
4. La fortaleza está disponible en el Señor.
   a. Sal. 27:14; 37:39.
   b. Is. 40; Fil. 4:13.
5. Qué puede hacer esa fortaleza de Dios.
   a. Llega incluso cuando pasamos por el valle de lágrimas (v. 6).
   b. Nos cambia las lágrimas en triunfo.

C. "Dichoso el hombre que en ti confía" (v. 12).

1. No es una nueva parte de la fórmula, sino su suma.
2. Nadie puede conocer su presencia sin confiar en Él.
3. Nadie puede contar con su fortaleza sin primero confiar en Él.
4. Tenga en cuenta las muchas bendiciones para aquel que confía en Él.
   a. La dirección de Dios (Pr. 3:5-6).
   b. Te guardará en completa paz (Is. 26:3).
   c. Nunca quedará solo (Sal. 34:22).
5. "Confía en Jehová" (Sal. 37:3): frase del Antiguo Testamento usada 152 veces. Crea en el Señor Jesucristo.

III. Conclusión

A. Usted debe comenzar confiando antes de poder triunfar.

B. Aplicación.

LEVANTE SUS OJOS

Salmos 121:1; Juan 4:35; Lucas 21:28

I. Introducción

A. Tres palabras que cambian la vida: levante sus ojos.

1. Palabras de esperanza.
2. Palabras de reto.

B. Levante sus ojos por encima del hombre, muchos caen por mirar al hombre.

II. Cuerpo

A. Necesitamos levantar nuestros ojos para buscar ayuda (Sal. 121:1).

1. Muchas cosas están más allá de nuestro control.
2. Hay un límite para nuestra capacidad humana.
3. La iglesia necesita ayuda.
   a. Debemos ser guiados con seguridad en los días venideros.
   b. El amor cristiano debe ser nuestra experiencia diaria.
   c. No podemos darnos el lujo de la división.
   d. Debemos encontrar la voluntad de Dios y hacerla.
4. Necesitamos ayuda como individuos.
5. Es por medio de la oración que conseguimos la ayuda de Dios.

B. Necesitamos levantar nuestros ojos a la cosecha (Jn. 4:35).

1. Esta es la mayor área de derrota en la vida cristiana.
2. Ganar almas mantiene a la iglesia en sintonía con el Señor y con los demás.
3. Si la cosecha estaba madura en el tiempo de Cristo, ¿cuánto más lo estará ahora?
4. Deberíamos enviar cristianos a visitar a los perdidos.
5. Deberíamos estar preocupados por todos aquellos que conocemos.
6. Deberíamos inspirar a otros para que vayan a los campos en el extranjero.

C. Necesitamos levantar nuestros ojos a su venida (Lc. 21:28).

1. La condición presente en la tierra.
2. Piense en las muchas señales que hay ahora en el mundo sobre el regreso de Cristo.
3. Su redención se acerca.
   a. No el fin del mundo.

   b. El regreso del Señor por su pueblo.
   c. Entonces seremos como deberíamos ser.
4. La esperanza purificadora.
5. Vance Havner: “Perdemos nuestra gran oportunidad viviendo vidas ordinarias en tiempos tan extraordinarios”.

III. Conclusión

A. Un llamamiento a los desalentados.

B. El reto del llamamiento.

LA EMOCIÓN DE GANAR ALMAS

Lucas 15:10

I. Introducción

A. *Vamos a entusiasmarnos.*
1. Con Jesús.
2. Con el evangelio.
3. Con la salvación.
4. Con ganar almas.

B. *"Hay gozo delante de los ángeles de Dios".*
1. No solo los ángeles se gozan, sino que hay gozo en su presencia.
2. Los cristianos en el cielo se alegran cada vez que otra alma se salva en la tierra.
3. ¿Por qué es tan importante ganar almas?

II. Cuerpo

A. *Debido a la importancia del alma (Mr. 8:36).*
1. La loca carrera por poseer cosas.
2. El título de propiedad de la tierra no sería suficiente para compensar la pérdida de un alma.
3. Hoy le prestamos mucha atención al cuerpo.
   a. Buen estado físico, vestirse, arreglarse.
   b. Gastamos millones en el cuidado médico.
4. Compare eso con la pequeña cantidad que se gasta en ganar almas.
5. Piense en el poco tiempo o dinero que invierte la iglesia promedio en ganar almas.

B. *Debido a la realidad del cielo y del infierno.*
1. Los creyentes en Cristo van al cielo cuando mueren.
   a. ¡Qué confianza tan maravillosa es esta!
   b. Estar ausente del cuerpo es estar presente con el Señor.
   c. Morir es ganancia.
2. Pero también es cierto que los que no creen van al infierno.
   a. Esa es la enseñanza olvidada en nuestro tiempo.
   b. Cada vez se predican menos sermones sobre el infierno.
   c. Considere a quién le importa si un pecador va al infierno (Lc. 16).

C. Debido al paso tan rápido del tiempo.

1. Hoy marca otro hito en nuestras vidas.
2. Parece que hace solo un momento que comenzamos el nuevo año.
3. ¿Cuántas oportunidades se perdieron?
4. ¿Cuántos abandonaron nuestras filas?
5. La importancia de cosechar en todas las edades.

D. Debido a la pronta venida de Jesús.

1. Estamos un año más cerca de la venida de Cristo.
2. Son múltiples las señales de su venida.
3. El tiempo de nuestra oportunidad de dar testimonio se está reduciendo.
4. Jesucristo puede venir antes de que haya terminado este año.

III. Conclusión

A. Considere las posibilidades.

B. Lo que puede pasar si usted se entusiasma por ganar almas.

CIUDADANOS DEL CIELO

Filipenses 3:20-21

I. Introducción

A. El deseo de ver pero todavía no está realizado.

1. Las libertades que disfrutamos.
2. Los privilegios que disfrutamos.

B. Ciudadanos del cielo, el lugar perfecto.

C. Requisitos para ser ciudadano de cualquier lugar.

1. El nuevo nacimiento.
2. Completamente ajeno a la mente natural.

II. Cuerpo

A. Hay motivo para regocijarse (Fil. 3:1).

1. Pablo, un ciudadano romano, escribe desde una prisión romana.
2. Esta característica era familiar para aquellos en Filipos.
3. Jesús: regocíjense porque sus nombres están escritos en los cielos.
4. Tiempos peligrosos en este mundo: regocíjense.

B. Debemos sentirnos como extranjeros y peregrinos en el mundo (1 P. 2:11).

1. Este mundo no es mi hogar.
2. El hombre a quien Jesús llamó necio, solo a uno.
3. Guarde sus tesoros en el cielo.

C. Debemos darnos cuenta de nuestra grave responsabilidad (v. 10).

1. Ciudadanos de nuestro país en un país extranjero.
2. Representemos al cielo correctamente.

D. Podemos anticipar la preciosa recompensa que recibiremos (vv. 20-21).

1. La responsabilidad del Señor para con los suyos.
2. El poder que cambiará nuestros cuerpos.
3. ¿Cómo es el cielo?

III. Conclusión

A. ¿Por qué esta ciudadanía está disponible para nosotros?

B. El ciudadano del cielo se convirtió en ciudadano de la tierra: el Hombre sin un país.

LA LIMPIEZA DE NAAMÁN

2 Reyes 5:1-14

I. Introducción

A. *El hombre con pasión por el poder.*

B. *Escudriñad las Escrituras... Ellas son las que dan testimonio de mí.*

1. La razón para dejar constancia de ese suceso.
2. Aquí vemos una bella aplicación del evangelio para todos nosotros.

C. *La limpieza de Naamán.*

II. Cuerpo

A. *La necesidad de Naamán (v. 1).*

1. El rey sirio Ben-adad delegaba responsabilidades en Naamán.
2. Naamán era un gran hombre a los ojos del rey.
3. Honorable y honrado, era muy estimado por el pueblo.
4. Su necesidad: era leproso.
   a. Era prominente, pero leproso; poderoso, pero leproso.
   b. Ese era su último pensamiento al dormirse y el primero al despertar.
   c. Todos sus logros quedaban en nada ante esta realidad.
5. La lepra como un tipo del pecado, y eso tiene aplicación para todos nosotros.

B. *La humilde criada y su pequeño mensaje (vv. 2-4).*

1. Bandas de sirios solían merodear y saquear, un tipo de guerrilla.
2. Atrapaban esclavos para el mercado y para los sirios.
3. Otro mensaje para el Día de la Madre: la fe de la muchacha.
   a. Niños bajo estrés: Daniel, Moisés, José.
   b. ¿Cómo reaccionarán nuestros hijos? ¿Los ha preparado usted?
4. Note su preocupación, su compasión y su confianza.
5. El patrón de una fe sencilla que testifica movería a los hombres para ir a Cristo.

C. *El profeta y su prescripción (vv. 8-14).*

1. Naamán acude al rey: cartas del rey y honorarios del médico.

2. La difícil situación del rey de Israel y el mensaje de Eliseo.
3. Naamán a la puerta de la casa de Eliseo:
   a. El orgullo de Naamán: Eliseo lidia con eso.
   b. Las ideas preconcebidas de Naamán: Eliseo lidia con eso.
   c. El otro camino de Naamán: los ríos de Damasco; la locura de la cruz.
   d. El enojo de Naamán: buena señal.
4. La insistencia de los siervos; sus palabras son también verdaderas hoy.

III. Conclusión

A. El leproso quedó limpio (v. 14).

1. La fe queda demostrada y recompensada.
2. Una solución sencilla pero necesaria.

B. La limpieza del pecador.

1. El pecado de lepra de la raza humana.
2. Sumérjase en la fuente para quedar limpio.

COMUNIÓN, O UN SERVICIO DE COMUNIÓN

1 Corintios 11:23-34

I. Introducción

A. Podríamos tener solo otro servicio de comunión.
1. La primera comunión con Jesús y sus discípulos.
2. Las instrucciones de nuestro Señor para que esto continúe.
3. Un servicio de comunión puede volverse formalista, un rito mensual.

B. Tengamos comunión.
1. Definición de comunión: un intercambio mutuo de pensamientos y sentimientos; compañerismo.
2. Esta dimensión de comunión es como muchas experiencias bíblicas.
   a. Adán y Eva y el Señor antes de la caída.
   b. María sentada a los pies de Jesús escuchando.
   c. Moisés ante la zarza ardiendo y en el Monte Sinaí.
   d. Jesús y los "discípulos de Emaús".

C. ¿Por qué se le llama comunión a la Cena del Señor?

II. Cuerpo

A. En la cruz: comienza la comunión con Dios (vv. 23-25).
1. La Cena del Señor es más que una comida: es un mensaje.
   a. "Esto es mi cuerpo".
   b. "Esto es mi sangre".
2. Las palabras de Isaías y Zacarías se cumplieron.
   a. "Mas él herido fue por nuestras rebeliones, molido por nuestros pecados" (Is. 53:5).
   b. "Y mirarán a mí, a quien traspasaron" (Zac. 12:10).
3. Todos los creyentes comienzan en la cruz.

B. En la venida del Señor: se completará la comunión (v. 26).
1. Hoy, nosotros caminamos por fe y no por vista.
2. Entonces, lo que la fe espera se verá hecho realidad.
3. Hoy, miramos estos símbolos y pensamos en la cruz.
4. Entonces, veremos al Salvador y pensaremos en su amor.
5. Hoy, tomamos este pan en nuestras manos.
6. Entonces, tomaremos la mano de Aquel que es el Pan de Vida.
7. Hoy, participamos de este fruto de la vid.
8. Entonces, participaremos de la Vid Verdadera.

C. En la confesión de pecado: continúa la comunión (vv. 28-32).

1. Hemos considerado el comienzo y la esperanza de la vida cristiana.
   a. Usted mira en retrospectiva y con seguridad a un día de salvación.
   b. Mira hacia el futuro para encontrarse con Cristo con gran gozo.
2. ¿Pero qué sobre el tiempo entre esos dos eventos? ¿Qué acerca de ahora?
   a. Usted se encuentra derrotado por el tentador.
   b. Ha sido vencido por algún pecado.
   c. No está viviendo en la cima de la montaña.
   d. Su vida devocional es aburrida o inexistente.
   e. Está desalentado por sus fracasos.
3. Este es el momento de examinarse a sí mismo, de juzgarse a sí mismo.
4. La confesión de pecado restaura la comunión (1 Jn. 1:9).

III. Conclusión

A. ¿Qué le confesará a Cristo antes de participar de la comunión?

B. ¿Qué hará usted para que este sea un tiempo real de comunión?

UNA CARRERA DE LOCOS

Eclesiastés 2

I. **Introducción**

A. *En una tarjeta de graduación se leía: "¡Bienvenido a la carrera de locos!". Esa es la expresión correcta para describir el ritmo de vida tan apresurado de hoy.*

B. *¿Por qué este ritmo de tanta ocupación en nuestro tiempo?*

1. Para mantener eso que llamamos nivel de vida.
2. La búsqueda de significado en la vida.

C. *Salomón: el hombre que hace mucho tiempo participó en una carrera de locos.*

II. **Cuerpo**

A. *La carrera de locos.*

1. Este libro en la Biblia ofrece un contraste.
   a. La frase clave: "debajo del sol".
   b. La vida vista por el hombre natural.
2. Salomón y su búsqueda.
3. Salomón busca en la educación y la filosofía.
   a. Busca la razón de todas las cosas debajo del sol.
   b. Observa los fenómenos de la naturaleza.
   c. Trata de entender por qué las cosas suceden como lo hacen.
   d. Encuentra frustración (Ec. 1:14-15).
   e. Cuanto más sabe, peor se siente (Ec. 1:18).
4. Salomón intensifica su búsqueda y prueba con el placer y las emociones.
   a. Prueba con la alegría y encuentra miseria.
   b. Prueba con la comedia pero encuentra caos.
   c. Prueba con el vino pero lo encuentra deficiente.
   d. Prueba con diversión y le resulta decepcionante.

5- Salomón trata de encontrar significado en grandes proyectos.
   a. Prueba con la arquitectura y la agricultura (vv. 4-6).
   b. Prueba con mansiones y música (v. 8).
   c. Prueba con el poder y la posición (vv. 9-11).

6. "Porque ¿qué aprovechará al hombre, si ganare todo el mundo, y perdiere su alma?".

B. *Cómo saber si usted está metido en la carrera de locos.*
   1. Si se está desgastando para conseguir posesiones materiales.
   2. Si trabaja día y noche para mantenerse a la altura de los demás.
   3. Si se droga solo para sentir las sensaciones del momento.
   4. Si su vida se centra en usted en vez de en otros.
   5. Si está construyendo su vida sin el Señor (Sal. 127:1).

C. *Cómo salirse de la carrera de locos y entrar en la carrera correcta.*
   1. Primero, acuda con sus pecados a Cristo.
   2. Segundo, mire solo a Él para su salvación.
   3. Tercero, deje a un lado todo lastre y pecado.
   4. Cuarto, debe correr con paciencia, constancia y coherencia.
   5. Quinto, fije sus ojos en Cristo Jesús.

III. Conclusión

A. *Si usted se entrega a esta carrera, no se arrepentirá al final.*

B. *Mateo 10:39: "El que halla su vida, la perderá; y el que pierde su vida por causa de mí, la hallará".*

LA PARÁBOLA DEL TRIGO Y LA CIZAÑA

Mateo 13:24-30, 36-43

I. Introducción

A. La parábola del trigo y la cizaña.

1. La escena del sembrador sembrando su semilla.
2. La escena de la cizaña creciendo con el trigo.
3. La preocupación de los siervos y su sugerencia.

B. La interpretación de la parábola.

II. Cuerpo

A. El Señor y su propósito eterno (vv. 24 y 37-38).

1. El que siembra la buena semilla es el Hijo del Hombre (v. 37).
2. El campo es el mundo (v. 38).
3. La buena semilla son los hijos del reino (v. 38).
4. El propósito del Señor y su uso de los hombres.
   a. La cruz, los discípulos, la comisión.
   b. Incluso la persecución y su propósito (Hch. 8).
   c. Eso fue cierto de las plagas en Egipto (Éx. 12).
   d. Es también cierto de la preservación de Israel (Dt. 29:6).

B. El pecador y su perdición eterna (vv. 25-30).

1. El crecimiento de la cizaña y sus características.
   a. Al igual que el trigo en las primeras etapas.
   b. Da fruto (Gá. 5:16-23).
2. Este es indudablemente el hipócrita religioso.
3. Mateo 25:31-46: "Apartaos de mí, malditos".

C. El cristiano y la recompensa eterna (vv. 26, 43).

1. Alguien en quien la semilla de la Palabra ha echado raíces.
2. Él es ahora una buena semilla, una epístola viviente.
3. El privilegio del cristiano de dar fruto.
   a. Debe morir al mundo y a sí mismo (Jn. 12:24).
   b. Debe permanecer en Cristo y Cristo en él (Jn. 15).
   c. "Porque todo el que quiera salvar su vida, la perderá".

III. Conclusión

A. La típica conclusión del Salvador.

1. La apelación al individuo.
2. Algunos se perderán; ¿lo será usted?

3. Algunos serán fructíferos; ¿lo será usted?
4. Algunos resplandecerán como el sol; ¿lo hará usted?

B. "El que tiene oídos para oír, oiga".

LÁGRIMAS EN LOS OJOS DE DIOS

Lucas 19:41-44

I. Introducción

A. Las ocasiones registradas de cuando Cristo lloró.
1. La tumba de Lázaro y sus implicaciones.
2. La escena cerca de Jerusalén.

B. El escenario y la escena.
1. La entrada triunfal.
2. El día antes de su juicio y crucifixión.

C. Lágrimas en los ojos de Dios y por qué.

II. Cuerpo

A. Él vio la persistencia de los problemas de Jerusalén (v. 41).
1. "Cuando llegó cerca de la ciudad, al verla, lloró sobre ella".
2. Cristo puede ver los corazones necesitados de los hombres.
   a. El cansado que no encontraría descanso sin Él.
   b. El preocupado que no hallaría paz sin Él.
   c. Los jóvenes que no encontrarían satisfacción sin Él.
   d. Los ancianos que irían a la tumba sin Él.
   e. El pecador que no tendría limpieza sin Él.
3. Cristo ve hoy su necesidad particular y anhela satisfacerla.
4. El nacimiento en Belén a unos pocos kilómetros al sur, hacía treinta y tres años.
5. El canto de los ángeles y el mensaje del ángel a los pastores.

B. Vio la destrucción de Jerusalén (vv. 43-44).
1. No quedaría piedra sobre piedra.
2. Los edificios altos y orgullosos.
3. El incidente del templo.
4. Tanto los ricos como los pobres quedarían si nada.
5. La parábola del rico necio: no queda nada.
6. Si usted construye sus tesoros aquí, serán derribados.

C. Él vio cómo se perdía el momento más grande de Jerusalén (v. 44).
1. Ellos no reconocieron el tiempo de su visitación.
2. Sus grandes momentos a lo largo de los años.
   a. La cabeza de Goliat fue llevada a Jerusalén.

   b. El arca de Dios quedó instalada en el templo en Jerusalén.
   c. El ejército de David en Jerusalén; el templo de Salomón.
   d. La reconstrucción de Jerusalén bajo el liderazgo de Esdras.
3. Las fiestas en Jerusalén.
4. La Pascua que se celebraba en ese momento.
5. Sus mejores momentos fueron cuando el Salvador caminó por sus calles.

III. Conclusión

A. Resumen y aplicación.

1. Los problemas persisten sin Cristo.
2. Los tesoros son temporales sin Cristo.
3. El momento más importante es cuando Cristo habla.

B. Su mejor momento es este momento.

EL DIOS DE TODA CONSOLACIÓN

2 Corintios 1:2-3

I. Introducción

A. *Piense en Job y su gran pérdida.*
   1. El padre de diez hijos.
   2. Un hombre rico y con buena salud.
   3. De repente se presenta la tragedia: lo pierde todo.

B. *El secreto de Job: él confió en el Señor.*
   1. En todo esto, Job no acusó a Dios tontamente.
   2. "Jehová dio, y Jehová quitó; sea el nombre de Jehová bendito".
   3. "Yo sé que mi Redentor vive".

C. *¿Quién es este Dios en el que Job confió?*

II. Cuerpo

A. *Él es el Padre de nuestro Señor Jesucristo (v. 3).*
   1. El solo hecho de que envió a su Hijo muestra su amor.
   2. Piense en cómo esto muestra su comprensión.
      a. Jesús experimentó una gran persecución.
      b. Jesús soportó un juicio horrible y flagelación.
      c. Jesús sufrió la cruz y la muerte.
   3. ¿Se pregunta usted si Dios sabe cómo se siente?
      a. ¡No se lo pregunte más!
      b. Párese ante la cruz y vea cómo dio a su Hijo.
   4. Dios entiende su dolor de corazón.

B. *Es Padre de misericordias (v. 3).*
   1. Ante la pérdida de un hijo, a veces cuestionamos la misericordia de Dios.
      a. ¿Dónde estaba Dios cuando mi hijo murió?
      b. ¿Por qué no curó Él a mi hijo?
   2. En el presente nosotros no conocemos todas las respuestas.
      a. Él nos permitirá saberlo en el cielo.
      b. Preguntamos porque nosotros no vemos toda la imagen completa.
   3. Pero sí sabemos que Él es el Padre de misericordias.
   4. Algún día sabremos que cada acto de Dios es misericordioso.

C. *Es el Dios de toda consolación (v. 3).*
   1. Pablo necesitaba consuelo con frecuencia.
   2. Nosotros necesitamos consuelo en muchas circunstancias.

3. Puede que especialmente hoy necesitemos consuelo.
4. Dios, que conoce y entiende, le dará consolación.
5. Al Espíritu de Dios se le conoce como "el Consolador".

III. Conclusión

A. La aplicación del consuelo de Dios en su vida.

B. Consólense unos a otros.

RECOMPENSA POR OBEDECER, EMPIECE HOY

1 Samuel 15:22

I. Introducción

A. *Los niños y la obediencia.*
  1. La importancia de la obediencia en el hogar.
  2. Los resultados que cosechan los padres que no cuidan de esto.

B. *El escenario y la escena de este pasaje bíblico.*
  1. Saúl recibió el mandato de destruir a los amalecitas.
  2. Su débil explicación a Samuel.
  3. "Obedecer es mejor que los sacrificios".

C. *¿Cómo puedo yo obedecer a Dios?*

II. Cuerpo

A. *Usted puede obedecer a Dios al acudir mediante la fe a Jesucristo (1 Jn. 3:23).*
  1. La palabra *creer* significa confiar.
  2. Esto implicó muchos llamados a acudir a Jesús:
     a. Mt. 11:28; Jn. 7:37; Ap. 22:17.
     b. La parábola de la fiesta de bodas (Mt. 22:1-14).
  3. Este es el primer paso de obediencia que una persona puede dar.
  4. Todo excepto el corazón humano le obedece: la creación, el mar, la higuera, la tumba.

B. *Usted puede obedecer a Dios al confesar a Jesucristo ante los hombres (Mt. 10:32).*
  1. "Me seréis testigos" (Hch. 1:8).
  2. Identificado con Cristo en el cielo en la salvación.
  3. Debemos ser identificados con Él aquí en la tierra.
  4. Algunos, como José de Arimatea y Nicodemo, tratan de ser discípulos secretos.
     a. Usted nunca lo expresó públicamente en el templo.
     b. Nunca fue bautizado.
     c. Nunca ha hablado con nadie sobre su conversión.
  5. Si alguien en la tierra hace algo, queremos que los demás lo sepan.

C. *Usted puede obedecer a Dios al conformar su vida con la enseñanza y el ejemplo de Jesucristo (Lc. 6:46).*
  1. Sea cuidadoso en enseñar que la salvación no es por obras.

2. Nunca debemos olvidar que bajo Dios nuestras vidas deben conformarse a la semejanza de Cristo Jesús.
3. Cristo es el ejemplo supremo de obediencia (He. 10:7).
4. ¿Obedecerá usted a Cristo y su Palabra?
   a. Busque primero el reino de Dios.
   b. Acumule tesoros en el cielo.
   c. Sígueme.
   d. Sepárese del mundo.
5. Antioquía y los "cristianos"; ¿qué acerca de usted?

III. Conclusión

A. El contraste entre la obediencia y la desobediencia.

1. Saúl y Saulo.
2. Los diez leprosos.

B. ¿Qué hará usted?

CUANDO UN CRISTIANO PECA

Romanos 6:1-2; Hebreos 12:6-8

I. Introducción

A. El más grande los problemas.

1. El pecado que hizo necesaria la cruz.
2. La provisión milagrosa de Dios.
3. Los pecados del pasado por fin han desaparecido.

B. La seguridad del creyente.

1. Romanos 8:38-39; Efesios 4:30; Hebreos 7:25.
2. Juan 10:28-29; 1 Juan 5:13.

C. Los dos grandes errores.

1. Libertinaje por parte del cristiano.
2. Percepción de tolerancia por parte de Dios; Isaías 6: santidad de Dios.

II. Cuerpo

A. El pecado afectará su compañerismo (1 Jn. 1:7-9).

1. El dulce privilegio de la comunión.
   a. Adán y Eva en el huerto del Edén.
   b. La restauración de la comunión.
2. Caminar en la oscuridad destruye la comunión.
   a. Las obras de las tinieblas (Ro. 13:13; Ef. 5:1-8).
   b. Is. 59:1-2; Sal. 66:18.

B. El pecado afectará a su familia (2 S. 12:1-14).

1. El pecado de David fue perdonado, pero el niño murió.
2. El pecado afectará por el mal ejemplo.
3. La familia ve las contradicciones e incoherencias (p. ej., Lot).

C. El pecado le afectará a usted físicamente (1 Co. 11:30).

1. La escena es la Cena del Señor, pero el problema es el pecado.
2. El caso de Sansón: de hombre fuerte a esclavo.
3. El caso de la angustia mental: piense en esas cosas.
4. El caso de los pecados que afectan al cuerpo.

D. El pecado le afectará para siempre (1 Co. 3).

1. En la venida de Cristo se verá avergonzado.
2. Comparecerá ante el tribunal de Cristo.
3. Habrá pérdidas.

III. Conclusión

A. *¿Qué debe hacer el cristiano?*

1. Juzgarse a sí mismo (1 Co. 11:31).
2. Confesar sus pecados (1 Jn. 1:9).
3. Apartarse del pecado (Pr. 28:13).

B. *¿Dónde aparecerá el pecador? (1 P. 4:17-18).*

CUANDO DIOS RESPONDE A LA ORACIÓN

Salmos 28:6-7

I. Introducción

A. *¿Quién no ha orado en tiempos de dificultad?*
   1. Orar en medio de una crisis es tan natural como respirar.
   2. Alabar a Dios por las respuestas es otra cosa.
      a. Después de la tormenta, a menudo nos olvidamos de quién nos rescató.
      b. Cuando llegan las respuestas, nos podemos olvidar de dar gracias.

B. *El salmista alzó su voz en alabanza y gratitud.*
   1. Él es un buen ejemplo para todos nosotros.
   2. Piense en sus razones para dar gracias.

II. Cuerpo

A. *Dios había escuchado sus oraciones (v. 6).*
   1. "Bendito sea Jehová, que oyó la voz de mis ruegos".
   2. Vea cuán personal es David en su oración.
      a. "Oh Jehová. Roca mía, no te desentiendas de mí" (v. 1).
      b. David ora basado en su experiencia personal con Dios.
      c. Él ve a Dios como su fundamento firme.
   3. David ora con urgencia ferviente.
      a. Siente que morirá a menos que Dios le responda.
      b. Él extiende sus manos hacia el templo.
      c. Suplica respuestas que justifiquen su rectitud.
   4. Cuando llega la respuesta, da gloria a Dios: "Bendito sea Jehová".

B. *Dios había honrado su fe (v. 7).*
   1. "En él confió mi corazón, y fui ayudado".
   2. Todas las bendiciones de Dios fluyen de la fe.
      a. Somos salvos por fe (Ro. 5:1; Ef. 2:8-9).
      b. Vivimos por fe (Ro. 1:17).
      c. Tenemos que orar con fe (Stg. 1:6).
   3. La fe le dio fuerzas a David: "Jehová es mi fortaleza".
   4. La fe trajo protección a David: "mi escudo".
   5. Dios todavía honra la fe, entonces, ¿por qué nos preocupamos?
   6. Dejemos de temblar y comencemos a confiar.

C. Dios le había ayudado (v. 7).

1. "Y fui ayudado".
    a. C. H. Spurgeon: "El creyente puede decir todos los días: 'Fui ayudado'".
    b. La promesa en Isaías: "Siempre te ayudará" (Is. 41:10, 13).
2. Lo que la ayuda de Dios hizo por David.
    a. Le llevó a regocijarse.
    b. Le dio un cántico.
    c. Llenó su corazón de alabanza y gratitud.
3. C. H. Spurgeon: "Aquellos que oran bien pronto alabarán bien".

III. Conclusión

A. ¿Se ha atrevido usted a orar con ferviente urgencia?

B. ¿Ha respondido Dios a sus oraciones?

C. ¿Ha respondido usted con acción de gracias y alabanza?

HOMBRES CAMBIADOS

1 Pedro 4:1-10

I. Introducción

A. Pedro y el sufrimiento y la muerte de Cristo.

1. La sangre preciosa de Jesucristo (1 P. 1:18-19).
2. Él mismo llevó nuestros pecados (1 P. 2:21-25).
3. El justo por los injustos (1 P. 3:18).

B. ¡No es de extrañar! ¡Pedro estaba allí!

1. Desde la primera revelación, él lo había temido.
2. Cuando estaba cerca, él decidió: "No te negaré".
3. Para empeorarlo todo, su negación, sus lágrimas, y la cruz.

C. Ahora está dispuesto a contárselo a todo el mundo.

1. Hablarles de la cruz y su pasión.
2. Hablarles de la cruz y su poder.

II. Cuerpo

A. Cómo se identifican los cristianos con Cristo (vv. 1-2).

1. El cristiano se identifica con Cristo en su muerte, sepultura y resurrección.
   a. Gálatas 2:20: "Con Cristo estoy juntamente crucificado".
   b. Romanos 6:1-13: contado como muerto con Cristo.
2. Dios el Padre ve a cada cristiano como crucificado con Cristo.
3. Ahora ármese a sí mismo; haga de esto su armadura.
   a. Habla de una batalla.
   b. El cristiano está en una batalla con Satanás.
      (1) Considere la realidad de Satanás.
      (2) 2 Corintios 11:14 (ángel de luz); 1 Pedro 5:8; 1 Tesalonicenses 3:5; 2 Corintios. 11:3; 1 Tesalonicenses 2:18; 2 Corintios 4:4; Efesios 2:2.
4. El nuevo propósito en la vida.
   a. No vivir en la carne el resto del tiempo que queda.
   b. Nadie sabe cuánto tiempo será eso.
   c. No a las lujurias de los hombres, solo satisfaciendo los deseos de la carne.
   d. Sí a la voluntad de Dios.

B. Cómo se identifican los cristianos con el mundo (vv. 3-6).

1. "Baste ya el tiempo pasado"; ya hemos tenido suficiente de eso.
2. Note ahora que Pedro les recuerda cómo solían vivir.
    a. Como los gentiles: los paganos y los no salvos.
    b. En lascivias, concupiscencias, embriagueces, orgías e idolatrías abominables.
3. A algunos les parece cosa extraña que usted no corra con ellos en el mismo desenfreno de disolución.
4. Puede que ellos hablen acerca de usted.
5. El propósito de todo esto quedará claro en el juicio.

C. Cómo se identifican los cristianos unos con otros (vv. 7-10).

1. "Y ante todo, tened entre vosotros ferviente amor".
2. Lo que hará este amor.
    a. Cubrirá multitud de pecados. ¿Los pecados de quién? Los pecados de los santos.
    b. Practicará la hospitalidad como algo natural.
3. Bendito sea el lazo que une nuestros corazones en el amor cristiano.

III. Conclusión

A. Aplicación y llamamiento.

B. A santo y pecador.

VOLVAMOS A LO BÁSICO

1 Timoteo 6:6-11

I. Introducción

A. Volvamos a lo básico en la iglesia.

1. La importancia de la oración.
2. La importancia de amarnos unos a otros.
3. La importancia de cuidar de las almas.
4. La importancia de vivir cada día a la luz de la venida de Cristo.

B. El llamado de Pablo a que volvamos a lo básico en la vida diaria.

1. El éxito a los ojos del mundo.
2. El verdadero éxito.

II. Cuerpo

A. Piedad (v. 6).

1. Debe comenzar con la respuesta al evangelio.
   a. No hay forma de conseguir la piedad aparte de esto.
   b. No se puede alcanzar leyendo sobre la piedad.
   c. No se puede lograr meditando sobre la piedad.
   d. No se consigue mediante su propio esfuerzo.
   e. No la consigue asistiendo al servicio de adoración.
   f. No puede encontrar por sí mismo el camino a la piedad.
2. Pero todo esto puede ser parte de llegar a ser piadoso después de la salvación.
   a. La Biblia: un camino hacia la piedad.
   b. La oración: un camino hacia la piedad.
   c. La adoración: un camino hacia la piedad.
   d. La vida devocional: un camino hacia la piedad.
   e. No hay atajos.

B. Contentamiento.

1. Piedad y contentamiento. ¡Qué gran combinación!
2. La contradicción de quienes reclaman una sin la otra.
   a. Nadie puede caminar cerca de Dios mientras se queja.
   b. Nadie conoce el verdadero contentamiento aparte de caminar con Dios.
3. La satisfacción nos viene cuando nos centramos en lo que tenemos (Is. 26:3).
4. La insatisfacción proviene al centrarnos en lo que no tenemos.

C. Entendimiento (vv. 9-10).

1. El peligro de ser rico.
2. No obstante, esa es la meta de muchas personas.
3. Los dolores que acompañan a las riquezas.
    a. La preocupación de mantener esas posesiones.
    b. El peligro para los seres queridos.
    c. Considere la vida de las "estrellas".
4. El amor al dinero es raíz de todos los males.

D. Las metas (v. 11).

1. La justicia: buscad primero el reino de Dios.
2. La piedad: aquí aparece de nuevo; es estar cerca del corazón de Dios.
3. La fe: la escuela de la fe; el poder de la fe.
4. El amor: cuánto lo necesitamos; la gran necesidad en muchas iglesias.
5. La paciencia: esperar y confiar en que Dios haga su voluntad.
6. La mansedumbre: humildad; Moisés, un hombre que al fin Dios pudo usarlo.

III. Conclusión

A. ¿Qué está haciendo Dios en su vida?

B. ¿Cuáles son sus necesidades hoy?

CAMBIO DE POSICIONES

1 Juan 3:1-3

I. Introducción

A. El beneficio de estudiar el libro de 1 Juan.

1. Una carta a los cristianos, es decir, a nosotros.
2. A los cristianos mundanos (1 Jn. 2:15-16).
3. Al que no ama (1 Jn. 3:14).
4. Al que duda (1 Jn. 5:12-13).

B. Una carta de amor y juicio.

1. "Mirad cuál amor nos ha dado el Padre" (v. 1).
2. "El que tiene al Hijo, tiene la vida; el que no tiene al Hijo de Dios no tiene la vida" (1 Jn. 5:12).

II. Cuerpo

A. La posición del cristiano con Dios el Padre (v. 1).

1. El amor inexplicable de Dios.
2. Cómo llegar a ser un hijo de Dios (Jn. 1:12).
3. Herederos juntamente con Cristo (Ro. 8:16-17).
4. Es permanente (Ro. 8:38-39).
5. Revestidos ante Dios con la justicia de Cristo (2 Co. 5:21).
6. Toda bendición espiritual (Ef. 1:3).

B. La posición del cristiano en el mundo (v. 1).

1. Un pueblo elegido (Tit. 2:14).
2. Gente perseguida (Jn. 15:20).
3. Un pueblo separado (2 Co. 6:17).
4. Las señales de la vida; una nueva criatura.
   a. Los movimientos naturales del crecimiento.
   b. La multitud mundana le rechazará.

C. La posición del cristiano en el futuro (v. 2).

1. La era del temor y de los corazones que desfallecen.
2. El deseo de los hombres de conocer el futuro.
3. Lo más seguro en la vida (Jn. 14; Hch. 1; 1 Ts. 4).

III. Conclusión

A. Comparado con la posición de los no salvos.

1. Comparece como injusto ante Dios.
2. Es popular con el mundo.
3. Su futuro en la muerte y el infierno.

B. *Cristo: tiene el deseo y el poder para cambiar las posiciones.*
1. Los diez leprosos (Lc. 17:11-19).
2. El hombre que nació ciego (Jn. 9).
3. El hombre poseído por un demonio (Mr. 5:1-20).
4. El malhechor en la cruz (Lc. 23:39-43).
5. Zaqueo (Lc. 19:1-10).
6. Usted (Jn. 6:37).

NECESIDADES EN NAVIDAD

Isaías 6:1-8

I. Introducción

A. Isaías, el profeta de la Navidad.

1. Una virgen concebirá (Is. 7:14)
2. Se llamará su nombre Admirable (Is. 9:6-7).
3. La venida de Juan el Bautista (Is. 40:3-5).
4. La anunciada muerte de Cristo en la cruz (Is. 53).
5. El reino milenial (Is. 11; 35).

B. Antes de que Isaías recibiera estas revelaciones, necesitaba ser cambiado.

C. Isaías vivió en un tiempo de gran crisis en Israel.

1. Capítulo 1: la nación rebelde.
2. Capítulo 5: la declaración de los ayes.
3. La satisfacción de las necesidades de Isaías y las nuestras.

II. Cuerpo

A. Una nueva conciencia del carácter de Dios (vv. 1-4).

1. La visión de Isaías contestó la pregunta: ¿Cómo es Dios?
2. Jesús también vino a responder esa pregunta, pues Él vino a rebelar al Padre.
    a. Dios es todopoderoso: omnipotente; el mar; las curaciones.
    b. Dios lo sabe todo: es omnisciente; "no tenía necesidad de que nadie le diese testimonio del hombre, pues él sabía lo que había en el hombre" (Jn. 2:25).
    c. Dios es eterno; Jesús: "Antes que Abraham fuese, yo soy" (Jn. 8:58).
3. Pero Isaías tuvo que aprender que Dios es santo.
    a. Santo, Santo, Santo: la Trinidad.
    b. Moisés: "quita tu calzado de tus pies... el lugar en que tú estás, tierra santa es".
    c. La encarnación es el mejor ejemplo de la santidad de Dios.
        (1) Lucas 1:26-35: "El Santo Ser que nacerá, será llamado Hijo de Dios".
        (2) Cantamos: "Santo, santo, santo", y Él lo fue y es.
        (3) Santo en su nacimiento, en su vida, y en su muerte.
    d. Revelación: Dios es Santo.
4. Y Dios no ha cambiado: Él todavía es santo.

B. Un nuevo despertar de la conciencia cristiana (vv. 5-6).

1. "¡Ay de mí! que soy muerto". Compárelo con los ayes anteriores.
2. Cuando Isaías se midió a sí mismo con la vara de Dios fue consciente de su pecado.
3. En los últimos días, las conciencias se han encallecido e insensibilizado.
    a. Es difícil de encontrar hoy la honradez tradicional.
    b. Convicciones de goma que se ajustan a cada ocasión.
4. Escuche la confesión de Isaías:
    a. "¡Ay de mí! que soy muerto".
    b. "Hombre inmundo de labios".
    c. "Habitando en medio de pueblo que tiene labios inmundos".
5. Note cuán específico es Isaías.
6. Note el mensaje claro de perdón (v. 6).
7. "Y llamarás su nombre JESÚS, porque él salvará a su pueblo de sus pecados" (Mt. 1:21).

C. Una nueva preocupación por las almas de los hombres (v. 8).

1. La pregunta del Señor: "¿A quién enviaré, y quién irá por nosotros?".
2. La respuesta de Isaías: "Heme aquí, envíame a mí".
3. La gente orará por casi cualquier otra cosa.
4. El mensaje a los pastores fue un mensaje de evangelismo para todas las personas.
5. ¿Está usted dispuesto a ir a donde sea que Él nos dirija?

III. Conclusión

A. La pregunta del Señor nos lleva a esta Navidad.

B. ¿Cuál será su respuesta?

NO HABÍA LUGAR

Lucas 2:7

I. Introducción

A. Un texto muy conocido.

1. Usado a menudo para sermones en Navidad.
2. Sin embargo, generalmente solo vemos lo superficial.

B. Lo que de verdad dice: "No había lugar para ellos en el mesón".

II. Cuerpo

A. No había lugar para Jesús en los negocios de Belén.

1. La mayoría de la gente estaba allí para pagar impuestos.
2. El lugar estaba demasiado ocupado para el Salvador.
3. Pero había algo mucho más importante por hacer.
   a. La salvación es más importante que las ventas.
   b. La eternidad es más importante que las ganancias.
   c. La paz con Dios es más importante que los beneficios.
   d. El Maestro es más importante que el dinero.
4. ¿Qué es lo que aleja a Jesús de su vida?

B. No había lugar para Jesús en los hogares de Belén.

1. La posada era también el hogar del posadero.
2. Nuestros hogares se han convertido en lugares muy ajetreados.
3. Hay tiempo para la televisión, la computadora y el periódico, pero no para Jesús.
4. Tiempo para actividades comunitarias.
5. Tiempo para el entretenimiento.
6. No es de extrañar que el mundo tenga problemas.

C. No había lugar para Jesús en la vida social de Belén.

1. Este mundo no es amigo de Dios.
2. Prepárese para estar en la minoría.
3. Prepárese también para tener en su vida solo aquellas cosas que merecen la pena.

III. Conclusión

A. Qué bien describe este texto nuestras vidas hoy.

B. Haga lugar en su corazón para Cristo Jesús.

REGALOS PARA EL REY

Mateo 2:1-11

I. Introducción

A. La importancia de los magos [sabios].

B. El misterio de estos hombres y su misión.

1. Los rodea más misterio que a ningún otro personaje de Navidad.
2. No sabemos exactamente de dónde eran.
3. No sabemos exactamente cuántos eran.
4. No sabemos exactamente cuándo llegaron.
5. No sabemos exactamente cuándo vieron ellos la estrella.

C. Algunas cosas que sí sabemos sobre los magos [sabios].

1. Sabemos que eran sabios: Magos, es la palabra babilónica.
2. Sabemos que llegaron del Oriente, de Babilonia (800 km al este).
3. Sabemos que fueron a Jerusalén buscando a un rey.
4. Sabemos que le llevaron regalos al Señor Jesucristo.

D. Regalos para el Rey.

II. Cuerpo

A. La realeza del Rey: oro (v. 11).

1. Oro: el símbolo de la realeza, común en todas partes.
2. Daniel 9:25: el Mesías Príncipe.
3. Tipos de la Biblia concernientes a los regalos de oro.
   a. El tabernáculo y el arca (Éx. 25:10-40).
   b. El cielo (Ap. 21:18-21).
4. Necesitamos a alguien con autoridad para perdonar y justificar.
5. Un día será el Rey de reyes; toda rodilla se doblará ante Él (Ro. 14:11).

B. El Rey Sacerdote: incienso (v. 11).

1. El incienso lo usaban comúnmente para la adoración en los templos.
2. Daniel 9:24: justicia, sacerdotes, oración.
3. El incienso en la Biblia y tipos.
   a. Un símbolo de pureza (Éx. 30:34-37).
   b. Un rey que es puro; incluso David cayó.
   c. La ofrenda de grano (Lv. 2:1-2, 15).
4. El propósito de Dios para traer justicia a tu vida.
5. Santificación.

C. El Rey sufriente: mirra (v. 11).

1. Mirra: se usaba comúnmente en la muerte como especia para embalsamar.
2. Amarga: habla de dolor, sufrimiento y muerte.
3. A los sabios: Daniel 9:26, “se le quitará la vida al Mesías”.
4. Tipos en la Biblia.
   a. El cordero de la Pascua y las hierbas amargas.
   b. Juan 19:39: mirra en la muerte de Cristo.
5. Debían machacarla para ser usada.

III. Conclusión

A. El evangelio en los regalos.

1. Cree en el Señor: oro.
2. Jesucristo: incienso.
3. Sea salvo: mirra.

B. Nuestro Salvador real, puro, sacerdotal, sufriente.

RENDICIÓN INCONDICIONAL AL SALVADOR

Romanos 6:11-13

I. Introducción

A. La Biblia: no solo teológica, sino práctica.

1. Obedecer su mensaje no solo cambiará su posición ante Dios sino también su manera de vivir ante los hombres.
2. No solo cambiará su historial en el cielo, sino también su reputación ante los hombres.

B. ¿Perseveraremos en el pecado para que la gracia abunde? (Ro. 6:1).

1. Ahora que estamos salvos y seguros, ¿viviremos en el pecado?
2. ¡Oh, ni siquiera lo pensemos!

C. Ríndase a Dios.

1. Sabiendo que ha muerto con Cristo.
2. Para que esté vivo para Dios por medio de Cristo.

II. Cuerpo

A. No se rinda a sí mismo.

1. A esas cosas que solo satisfacen el cuerpo.
2. Solo necesitamos volver al huerto del Edén para recordar que somos criaturas caídas.
3. Solo hay que leer un periódico o escuchar las noticias para convencernos de ello.
4. La Biblia nos da evidencias de la capacidad pecaminosa del cuerpo humano.
   a. Gálatas 5: las obras de la carne.
   b. Jesucristo establece la diferencia con suma claridad (Jn. 3:6).
   c. Gálatas 6:8: de la carne segará corrupción.
   d. Efesios 2:3; 2 Pedro 2:18.
5. Ejemplos bíblicos de hombres que se entregaron a la carne:
   a. Félix.
   b. El joven rico.
   c. Herodes.
   d. Demas.
6. Él también está diciendo que no necesita rendirse a la carne.

B. No se entregue a Satanás.
1. Nos asalta desde fuera; recuerde el Edén.
2. Aquellas cosas que van en contra del evangelio.
3. La carne desea y busca la indulgencia y el pecado.
4. Satanás tienta al pecado y la indulgencia con un propósito.
5. Para robar, matar, destruir.
6. Usted no necesita entregarse a Satanás.

C. Ríndase al Salvador.
1. A aquellas cosas que glorifican al Salvador.
2. Ofrezca sus miembros a Dios.
   a. Voz: ¿de qué aprovecha si no glorifica a Dios?
   b. Pies: ¿de qué aprovecha si no glorifica a Dios?
   c. Talentos: ¿de qué aprovecha si no glorifica a Dios?
   d. Vida: ¿de qué aprovecha si no glorifica a Dios?
3. Usted puede rendirse a Jesucristo.

III. Conclusión

A. Usted es siervo de quienquiera que se rinda.
1. Siervo de la carne, siervo de Satanás.
2. Siervos del Salvador.

B. Vencedores.

EL CAMINO DE LA FE

Mateo 14:22-33

I. Introducción

A. La alimentación de los cinco mil.

1. Los cinco panes y los dos peces.
2. Al día siguiente, el "Pan de vida".

B. Jesús pidió a los discípulos que se fueran en la barca.

1. El Salvador se aparta para orar.
2. La tormenta: la cuarta vigilia de la noche, 3:00 de la mañana.

II. Cuerpo

A. El comienzo del camino de la fe (v. 28).

1. Romanos 5:1; Efesios 2:8-9; Hebreos 11 "Pero sin fe es imposible agradar a Dios".
2. El deseo de escuchar la voz de Jesús.
3. El deseo de algo seguro: "Manda que yo vaya a ti sobre las aguas".
4. Jesús y su invitación siempre lista: "Ven".
5. Isaías 1:16; Mateo 11:28; Apocalipsis 22:17.
6. Pedro caminó sobre el agua.

B. La prueba del camino de fe (v. 30).

1. El viento era tempestuoso.
2. Los ojos de Pedro quedaron fijos en el lugar equivocado, en la tormenta.
3. Nuestras tormentas: financiera, salud, tentación, persecución.
4. 1 Pedro 1:16.

C. La recompensa de la fe (vv. 30-32).

1. La oración sincera, directa, de fe y necesidad: "¡Señor, sálvame!".
2. "Al momento Jesús, extendiendo la mano, asió de él".
3. El viento no cesó, no obstante, Pedro fue sacado de las olas.
4. La misma tormenta, las mismas olas, pero Pedro está a salvo y seguro.
5. La barca que no podía hundirse.

III. Conclusión

A. La tormenta cesó; el efecto sobre los demás.

1. Aquel que es grande y digno de adoración.
2. El Hijo de Dios.

B. La apelación y la aplicación.

1. Hay muchos cristianos que miran a las olas.
2. Personas no salvas que necesitan comenzar el camino de la fe.

PRESENTES AL SEÑOR

Mensaje para un funeral *2 Corintios 5:8*

I. Introducción

A. Vivimos en templos temporales.

1. Nuestro cuerpo finalmente se desgasta; nuestro tiempo en la tierra es limitado.
2. De setenta a ochenta años, más o menos.

B. ¿Qué les sucede a los cristianos en la muerte?

1. Estamos ausentes del cuerpo y presentes con el Señor.
2. Los cristianos no vienen a sus propios funerales.
3. Ellos van inmediatamente a la presencia del Señor.

C. ¿Qué significa ausente y presente para________________?

II. Cuerpo

A. Él/ella ha sido liberado de las limitaciones del cuerpo.

1. Nuestros cuerpos son maravillas de la creación (Gn. 2:7).
   a. Adán fue hecho del polvo de la tierra.
   b. Dios le dio el aliento de vida.
   c. Ese aliento de vida transmitido de generación en generación.
2. El salmista dijo: "Te alabo porque soy una creación admirable" (Sal. 139:14, NVI).
   a. Maravillas andantes de la mano del Creador.
   b. Ejemplos de la diversidad divina.
   c. Capaz de llevar a cabo muchas cosas.
3. No obstante, la vida en el cuerpo tiene sus límites (salud, edad).

B. Él/ella ha sido recibido en el reino de la gloria.

1. El gran cambio instantáneo: ausente/presente.
   a. Un negativo, luego un positivo poderoso.
   b. La muerte misma es difícil; Jesús lloró en una tumba.
2. Muerte en la tierra significa vida en el cielo.
3. Presente con el Señor significa llegar al cielo (Jn. 14:1-3).
   a. No hay dudas sobre quién es y dónde está Jesús.
   b. No hay dudas sobre dónde está ________________.
4. La descripción del cielo se queda corta comparada con su realidad.

C. Él/ella se está regocijando con los redimidos de todos los tiempos.

1. Piense en conocer a los héroes de la fe de todos los tiempos.
   a. Conocer a aquellos que forman la galería de la fama de Dios.
   b. Nombre familiares para él/ella a través del estudio de la Biblia.
2. Encontrarse con aquellos que él/ella llevaron a la fe en Cristo.
3. Lo mejor de todo, él/ella está con el Salvador.

III. Conclusión

A. ¿Qué tiene que ver todo esto con el día de hoy?

B. Palabras de consuelo para todos aquellos apenados y entristecidos.

C. ¿Está usted seguro del cielo? ¡Resuelva esa cuestión hoy mismo!

COSAS PARA RECORDAR EN UNA DEDICACIÓN

Dedicación de un edificio *2 Crónicas 7:14*

I. Introducción

A. Día de dedicación en Jerusalén.

1. Dedicación del templo construido por Salomón.
2. El deseo de muchos años de David de construir el templo.

B. ¡Qué gran día fue ese!

1. El sacrificio preparado sobre el altar fue consumido por el fuego.
2. La gloria del Señor llenó la casa.
3. La gran ofrenda del rey: 22.000 bueyes y 120.000 ovejas.
4. Un día de alabanza y victoria.

C. Este es un día de alabanza y victoria para nosotros.

1. Un día largamente esperado.
2. El pueblo regresó a casa gozoso por las bendiciones del Señor (v. 10).

D. Las instrucciones del Señor llegaron al final de la dedicación.

II. Cuerpo

A. No se olvide de la humildad: "si se humillare mi pueblo".

1. Llamado de Dios a la humildad al final de ese día de bendición.
2. Tenemos un edificio aquí por el que podemos estar orgullosos y agradecidos.
3. El Señor sabía que nuestras bendiciones pueden convertirse en nuestro mayor peligro.
4. La batalla que sostenemos contra el orgullo.
   a. Algunos orgullosos de la posición, otros de las posesiones.
   b. Algunos orgullosos de la raza, otros de su cara.
   c. Algunos orgullosos del éxito, otros de la espiritualidad.
5. La descripción del Señor de una iglesia orgullosa (Ap. 3:15-17).

B. No se olvide de orar: "y oraren".

1. El ingrediente sin el cual nada espiritual se puede lograr.
2. No hay milagros sin oración; no hay poder sin oración.
3. El mayor recurso sin explotar en el mundo.
4. La iglesia que no está orando está jugando.

5. Cuando una iglesia abandona su reunión de oración, usted pronto podrá escribir "Icabod" sobre la puerta porque la gloria del Señor se ha apartado.
6. Eso es también cierto en la vida espiritual individual.
7. La razón por la que no oramos:
    a. Nos creemos autosuficientes, por lo que no sentimos necesidad de orar.
    b. Pensamos que lo podemos hacer por nosotros mismos, así que no oramos.
    c. Nos olvidamos de los peligros que nos rodean, así que no oramos.

C. *No se olvide de buscar su rostro: "y buscaren mi rostro".*
1. A veces, cuando una iglesia crece, aumenta su deseo por un gran nombre.
2. Se hacen esfuerzos para asociar con la iglesia nombres bien conocidos.
3. Recuerde siempre que Jesús es el nombre "que es sobre todo nombre" (Fil. 2:9-11).
4. Interesémonos solo por el Señor.
    a. ¿Cómo puedo decírselo en palabras? Usted debe experimentarlo.
    b. Es algo muy personal entre el Señor y usted.
    c. Le puedo decir esto: su rostro es el rostro del que crucificaron; su rostro está lleno de compasión; su rostro tiene la mirada del amor; es el rostro de Jesús.

D. *No se olvide de apartarse del pecado: "y se convirtieren de sus malos caminos".*
1. Aquel fue un día de regocijo, pero se necesitan días de arrepentimiento.
2. La declaración: "y se convirtieren de sus malos caminos", ¿qué significa para usted?
    a. ¿Significa dejar de maldecir y volverse a Cristo?
    b. ¿Significa dejar de pasar chismes y volverse a Dios?
    c. ¿Dejar de robar y volverse al Salvador?
    d. ¿Del alcohol a la Biblia? ¿De engañar? ¿Adulterar? ¿Mentir?
3. Sea lo que sea, ¡el Señor le recibirá y le perdonará!

III. Conclusión

A. *Esto es un llamado al avivamiento. ¿Le prestará usted atención?*

B. *Aplicación y llamamiento.*

LO MÁS SABIO QUE PODEMOS HACER ESTE AÑO

Sermón de Año Nuevo *Romanos 12:1-2*

I. Introducción

A. El cristiano y el Año Nuevo.

1. No es un mensaje temporal, sino para la eternidad.
2. Al Dios eterno no se le puede medir en años.
3. No obstante, hay ciertas verdades que enfrentamos cada año.
   a. La venida de Cristo está un año más cerca.
   b. La muerte está un año más cerca.
   c. La oportunidad para servir es un año más corta.

B. Lo inteligente que podemos hacer este año: su servicio razonable.

1. Debido a lo anterior, nos enfrentamos a una anticipación y una urgencia desconocidas en el mundo.
2. Salmos 90:12: "Enséñanos de tal modo a contar nuestros días, que traigamos al corazón sabiduría".

II. Cuerpo

A. Será sabio entregarse a Cristo (v. 1).

1. En los versículos 1-2 encontramos la fórmula para una acción sabia.
2. Presentar vuestros cuerpos en sacrificio vivo: una entrega verdadera.
   a. Presentar: poner a disposición.
   b. Es el término técnico para presentar los sacrificios levíticos.
3. La acción está en "armonía con la razón más alta".
   a. Ningún descubrimiento científico será mayor que la razón inteligente.
   b. El mundo llama a esto fanatismo; Cristo lo llama sabiduría.
4. La base de tal acción.
   a. Los versículos precedentes y su poder.
   b. Los capítulos precedentes y su pasión.
   c. El testimonio anterior del escritor.
   d. Resumido como "las misericordias de Dios".

B. Será sabio separarse del mundo (v. 2).

1. "No os conforméis a este siglo".
2. Esta es la era de la conformidad.

3. El hijo pródigo en la pocilga (el olor, la compañía, la conversación, qué bajo había caído).

C. *Será sabio brillar por Cristo (v. 2).*

1. "Transformaos" significa quitarse la máscara.
2. En Mateo 17:2 tenemos un ejemplo: la manifestación de la gloria de Cristo.
3. Los cambios en el exterior deben ser coherentes con el interior.
4. Lo que debería verse brillar (Gá. 5:22-23).
5. Brillar y la renovación de la mente.

III. Conclusión

A. *La necesidad que muchas vidas tienen hoy de un nuevo comienzo.*

B. *Aplicación y llamamiento.*

LA PUERTA ABIERTA

Apocalipsis 3:8

I. Introducción

A. Entendamos el libro de Apocalipsis.

1. Apocalipsis 1:19: el bosquejo.
2. La era de la iglesia (Ap. 2-3).

B. La iglesia de Filadelfia.

1. La iglesia fundamental de los últimos tiempos.
2. La puerta abierta.

II. Cuerpo

A. La puerta abierta de la fe.

1. El mensaje de salvación por fe.
   a. Un mensaje oscurecido durante la Edad Media.
   b. La Biblia estaba en los monasterios, y los seres humanos en la miseria.
   c. Martín Lutero: "Mas el justo por la fe vivirá" (Ro 1:17).
2. El evangelio: sin cambios hoy; no se necesitan nuevas interpretaciones.
3. La fe no es solo la puerta a la salvación, es también la forma de vida.
4. La aventura de la fe debe ser nuestra experiencia diaria.
5. La iglesia debe vivir por fe y moverse por fe.
   a. ¿Hubo algún momento en el que la iglesia se atrevió a confiar más en Dios?
   b. A. W. Tozer: "Dios obra mientras su pueblo viva con audacia: cesa cuando ya no necesitan su ayuda".
6. Citas de otros hombres de fe.

B. La puerta abierta de la oración.

1. El maravilloso privilegio de la oración.
2. Los gigantes de la oración en el Antiguo Testamento.
   a. Las oraciones de Moisés.
   b. Las oraciones de David.
   c. Las oraciones de Elías y Eliseo.
3. Las oraciones del Nuevo Testamento.
   a. La iglesia primitiva en oración.
   b. La oración de Hechos 4.
   c. Las oraciones de la iglesia por Pedro en la cárcel.
   d. Pablo y Silas en la prisión.

4. Las oraciones de los grandes hombres del pasado.
   a. John Knox.
   b. John Wesley.
   c. George Müeller.
5. Pero Dios todavía responde a la oración hoy.
   a. ¿Recuerda usted algún tiempo de más poder en la oración?
   b. ¿Hubo algún momento en el que la oración era su primer recurso?
   c. ¿Se ha deteriorado su vida de oración?

C. La puerta abierta del avivamiento.

1. Quizá esta es la palabra más malentendida del cristianismo.
2. Charles Finney: el avivamiento es "la renovación del primer amor de los cristianos, que da como resultado el despertar y la conversión de los pecadores a Dios". Finney añadió: "Un avivamiento no es más que un comienzo de obediencia a Dios".
3. Algunos consideran que el avivamiento es solo cosa del pasado. Pero Dios…
4. Usted puede ser revivido; los pecadores puede ser salvos; puede haber un nuevo comienzo.

III. Conclusión

A. Resumen.

B. Aplicación y llamamiento.

EL SUFRIMIENTO DE CRISTO Y EL NUESTRO

1 Pedro 3:18-22

I. Introducción

A. *Esta es una porción difícil de las Escrituras.*
   1. Se han escrito páginas y páginas sobre estos problemas.
   2. William L. Pettingill: "Hay un misterio sobre estas páginas".

B. *Los grandes comentaristas no están de acuerdo.*
   1. Va a encontrar opiniones de Agustín y Tomás de Aquino sobre un punto de vista.
   2. Encuentra a Alford con otra opinión; "La gran mayoría de los comentaristas".
   3. Encuentra a Calvino, Zwinglio y Tertuliano con otro punto de vista.

C. *A menudo es bueno no ponerse demasiado dogmático sobre pasajes en los cuales los grandes hombres de Dios no se ponen de acuerdo.*
   1. A veces nos gustaría saltarnos estos pasajes.
   2. Eso sería lo más fácil, pero siempre hay alguien haciendo preguntas.

II. Cuerpo

A. *La parte polémica de esta porción de las Escrituras.*
   1. ¿Qué es lo que quieren decir los versículos 19-20?
      a. ¿Descendió Cristo al infierno?
      b. ¿Predicó Él a los muertos? (No).
      c. ¿Les dio a los muertos otra oportunidad de ser salvos? (No).
      d. Si fue así, ¿fue solo a los muertos que murieron antes del diluvio? (No).
      e. ¿Es posible que todos los muertos tengan una segunda oportunidad? (No).
   2. Algunas de las muchas respuestas.
      a. La salvación ya fue ofrecida a todos los que murieron antes de la cruz.
      b. El evangelio fue anunciado pero no ofrecido. No dice que les diera la oportunidad de ser salvos.
      c. Mediante su Espíritu, Él predicó por medio de Noé en los días de Noé.

3. La opinión del autor Roger Campbell sobre este polémico texto.
   a. Me parece que es forzar el texto decir que la predicación fue por medio de Noé.
   b. No es coherente con las Escrituras ofrecer salvación a los muertos (He. 9:27).
   c. Es impensable que los pecadores en los días de Noé tuvieran privilegios por encima de todos los demás; 120 años (Gn. 6).
   d. Me parece que la clave del pasaje está en la palabra *espíritu*.
      (1) El hombre no es un espíritu, sino tiene un espíritu.
      (2) Nunca he encontrado a hombre, vivo o muerto, de quien se diga es un espíritu.
      (3) Ni una sola vez he encontrado hablar del espíritu del hombre como "espíritus encarcelados", ni siquiera en el infierno.
      (4) Pero a los ángeles se les llama a menudo espíritus (Sal. 104:4, RVA; He. 1:14).
      (5) De los ángeles caídos se dice que son "espíritus inmundos" (Mt. 10:1; Mr. 3:11; 5:13-16; 6:7; 1 Ti. 4:1).
      (6) Algunos ángeles caídos están encadenados o encarcelados y esperando juicio (2 P. 2:4; Jud. 6).
      (7) Estos son los ángeles involucrados en el terrible pecado antes del diluvio.
   e. Conclusión de Campbell: Cristo fue a predicar a este grupo de ángeles caídos que esperaban en prisión, para informarles de su obra en la cruz, aumentando así su condenación.
4. La clave para el versículo del bautismo está en la palabra *corresponde* o *simboliza*.

B. *La parte clara de este pasaje.*
1. Usted podría saber todo acerca de Cristo descendiendo al infierno, pero si Él no viene a su corazón, usted estará perdido para siempre.
2. Usted podría conocer todo acerca de los misterios y, no obstante, no conocer al Maestro.

3. Usted podría conocer todos los secretos y, sin embargo, desconocer la salvación.
4. Veamos la parte clara de este pasaje.
5. El pecado trae sufrimiento.
   a. Siempre lo ha traído y siempre lo hará.
   b. El huerto del Edén, Caín, David, Saúl y otros.
   c. El pecado y la muerte: la suerte del mundo a causa del pecado.
   d. Cristo murió para soportar el sufrimiento del pecado.
6. Cristo murió por los pecadores.
   a. No solo por los pecados sino por los pecadores.
   b. No solo para pagar por los pecados, sino por mis pecados y sus pecados.
   c. El justo por los injustos.
7. Cristo murió por los pecadores para que puedan ser salvos.
   a. ¿Ha sido usted llevado a Dios?
   b. Si no, usted frustra los propósitos de Dios.

III. Conclusión

A. Responda al claro llamado de Dios hoy.

B. Aplicación y llamamiento.

LA SEÑAL DE LAS CONDICIONES DE NOÉ

Lucas 17:26-27; Génesis 6

I. **Introducción**

   A. *Dos grandes señales fueron ya consideradas.*
      1. La señal de la nación de Israel.
      2. La señal de las guerras entre naciones.
      3. Sin duda alguna el tiempo se acerca.

   B. *Jesús mandó a los fariseos que observaran las señales de los tiempos.*

   C. *La señal de los días de Noé.*

II. **Cuerpo**

   A. *Los días de Noé fueron días de abundancia material y de pobreza espiritual.*
      1. "Comían, bebían, se casaban": habla de un tiempo de abundancia.
      2. La era anterior al diluvio fue un tiempo de exuberante vegetación.
      3. No hay ninguna evidencia de hambruna en ningún momento antes del diluvio.
      4. En el sentido natural, muy superior al mundo de hoy.
      5. Los fósiles en los desiertos muestran que estuvieron habitados por seres humanos.
      6. En general se cree que incluso el Ártico y la Antártida eran templados.
      7. La suerte de los seres humanos mejora de forma física en todo el mundo a través de la lucha contra la pobreza y la ayuda a los países subdesarrollados.
      8. Espiritualmente: "tendrán apariencia de piedad, pero negarán la eficacia de ella" (2 Ti. 3:5).
      9. Noé: predicó durante 120 años y solo ganó a su familia.

   B. *Los días de Noé fue una era de inmoralidad (Lc. 17:26-27; Gn. 6:2).*
      1. El matrimonio es la relación terrenal más sagrada.
      2. "Tomaron para sí mujeres", muchas mujeres, en el matrimonio y fuera de él.
      3. La enseñanza de la Palabra de Dios tiene el propósito de proteger el matrimonio: "No cometerás adulterio"; 1 Corintios 6:9-10; Sodoma.

4. Pero ahora se arrinconan todas las normas antiguas y aceptadas.
5. La adopción de formas antiguas y pecaminosas: no es una "nueva moralidad", es solo la adopción de los hábitos sociales de los días de Noé.
6. Deje que el anuncio de cada película sucia nos recuerde que Jesús viene.
7. Deje que cada rebaja vil de las normas básicas nos recuerde que Jesús viene.

C. Los días de Noé fueron una era de violencia (Gn. 6:11-13).

1. El siglo de la violencia.
2. El siglo en el que las mentes más grandes del mundo han sido puestas a trabajar para diseñar formas de muerte.
3. Las calles se han convertido en lugares para disturbios.
4. La revolución en todo el mundo se ha convertido en una forma de vida.
5. No se puede culpar de ello a nada que no sea la naturaleza pecaminosa del hombre.

III. Conclusión

A. Las señales de su venida se multiplican.

B. Todas estas cosas nos anuncian que Jesús viene.

LA REVELACIÓN DE JESUCRISTO

Apocalipsis 1:1-8

I. Introducción

A. Apocalipsis: un libro extraño y misterioso.

1. Evitado por algunos: no lo leen porque es demasiado profundo.
2. Otros dudan de este libro: les parece demasiado fantástico para ser verdad.
3. Manipulado por otros: la fuente de muchas sectas.

B. La revelación de Apocalipsis.

1. Revelación (griego: Apocalipsis): quitar el velo.
2. El objetivo es hacerlo claro.
3. Tiempo que abarca; personalidades involucradas; dónde y cuándo.

II. Cuerpo

A. La revelación de Jesucristo para aquellos que Él ha amado y lavado de sus pecados con su propia sangre (v. 5).

1. El futuro para el pecador no es brillante.
   a. Tiene que comparecer ante Dios desnudo en sus pecados.
   b. No hay palabras de consuelo para los que están perdidos en cuanto al futuro.
2. El futuro es solo glorioso para la multitud comprada con sangre.
   a. Los receptores del amor de Cristo; "Al que nos amó".
   b. "Y nos lavó de nuestros pecados".
3. Note las escenas de hombres ante el trono.
   a. Apocalipsis 6:15-17: ante Cristo en la tribulación.
   b. Apocalipsis 20:11: ante Cristo en el juicio.
   c. Apocalipsis 5:9: ante Cristo los redimidos por su sangre.

B. La revelación de Jesucristo para aquellos que Él ha hecho un reino de sacerdotes para Dios (v. 6).

1. "Reyes": "reino" en el original.
2. Un reino de sacerdotes.
   a. El ideal (Éx. 19:6).
   b. Cristo, nuestro gran sumo sacerdote (He. 7:24).
   c. Cristianos: un real sacerdocio (1 P. 2:5, 9).
3. El sacerdocio y lo que implica y significa.

a. El sacerdote es el representante del hombre ante Dios.
b. La tribu de Leví en Israel.
c. Hombres que hablan con Dios por otros (Ef. 2:18; 1 Ti. 2:1-2).

4. Su desarrollo en el reino futuro.

C. *La revelación de Jesucristo para aquellos con quienes Él vendrá con gran poder y gloria (v. 7).*

1. Las dos fases distintivas de la venida de Cristo.
   a. Por los santos (Jn. 14:3; Fil. 3:20; 1 Ts. 4:15).
   b. Con los santos (Zac. 14:4, 9; Col. 3:4; Jud. 14).
2. Viene montado en un caballo blanco (Ap. 19:11).
3. "Todo ojo le verá" (Zac. 12:10), gran contraste con la primera venida.

III. Conclusión

A. *¿Una revelación preciosa para quién?*

1. Para aquellos a quienes ha limpiado.
2. Con quienes Él se comunica.
3. Con quienes Él vendrá.

B. *Cristo prepara a los suyos para el futuro: la bendición.*

1. ¿Pertenece usted a Cristo?
2. El Cristo ha resucitado para esta hora.

LA TRINIDAD SATÁNICA

Apocalipsis 19

I. **Introducción**
   A. *El deseo de Satanás de ser como Dios (Is. 14:12-14).*
      1. La caída de Satanás de su primera y favorecida posición.
      2. El usurpador: no es de extrañar que instituya una religión falsa.
      3. El deseo de Satanás de ser adorado por el hombre.
   B. *Satanás siempre intenta frustrar el plan de redención de Dios.*
      1. Satanás en el huerto del Edén.
      2. Satanás e Israel; Satanás y Cristo.
      3. El gran intento de ascender y hacer guerra en el cielo.
   C. *La trinidad satánica.*

II. **Cuerpo**
   A. *El dragón: se compara con el Padre.*
      1. Apocalipsis 12:3-4, 13-14; 13:4.
      2. El plan concebido: el más horrible de los planes de Satanás.
      3. Así como el plan de salvación de Dios es el más grande jamás conocido.
      4. La motivación de Dios para el plan de salvación.
         a. La gracia de Dios: "Porque por gracia sois salvos" (Ef. 2:8).
         b. Amor (Ro. 5: 8; Jn. 3:16).
      5. Satanás está motivado por el plan satánico final.
         a. Orgullo, celos de Dios.
         b. Mentiroso y homicida (Jn. 8:44).
         c. "Se manifestará aquel inicuo" (2 Ts. 2:8).
   B. *La bestia (el anticristo): se compara con Cristo.*
      1. Entra en escena cuando la tierra está en gran confusión y agitación.
      2. Simboliza al hombre en completo poder: la bestia.
         a. Busca que todo esté cada vez más centralizado.
         b. Todas las finanzas.
         c. Toda la educación.
         d. Todo el trabajo y negocios.
         e. Toda la religión.
      3. Recibe adoración.

4. Se le da poder (comparar con Cristo: todo el poder).
5. Poder dado por Satanás (comparar con Cristo: poder de parte de Dios).
6. Durante cuarenta y dos meses (comparar con Cristo: un reino eterno).
7. Satanás encarnado es aceptado (comparar con Cristo: fue rechazado).

C. *El falso profeta: se compara con el Espíritu Santo.*

1. No habla de sí mismo sino del anticristo.
2. Religión y política ligadas juntas.
3. Pidió descendiera fuego del cielo.
4. Hace milagros; reclama el poder de la resurrección.
5. La cabeza religiosa.

III. Conclusión

A. *Acepte hoy al Cristo verdadero.*

B. *Escuche la voz del verdadero Espíritu Santo.*

ÍNDICE DE TEXTOS BÍBLICOS